学习指导与实践

Zhonghua Youxiu Chuantong Wenhua
Xuexi Zhidao Yu Shijian

第一册 山东卷

主　编　马　洁　李晓凌　左腾飞

副主编　牛绿洲　李志杰

参　编　（按姓氏拼音排序）

杜　欣　高元恒　滕春霞

王　菁　王文瑶　周宝红

朱本雨　张宏伟

中国劳动社会保障出版社

图书在版编目（CIP）数据

中华优秀传统文化学习指导与实践．山东卷．第一册 / 马洁，李晓凌，左腾飞主编．-- 北京：中国劳动社会保障出版社，2022

全国技工院校文化系列教材

ISBN 978-7-5167-5412-2

Ⅰ．①中…　Ⅱ．①马…②李…③左…　Ⅲ．①中华文化 - 技工学校 - 教材　Ⅳ．① K203

中国版本图书馆 CIP 数据核字（2022）第 131513 号

中国劳动社会保障出版社出版发行

（北京市惠新东街 1 号　邮政编码：100029）

*

北京市白帆印务有限公司印刷装订　　新华书店经销

787 毫米 × 1092 毫米　16 开本　8.25 印张　157 千字

2022 年 8 月第 1 版　　2022 年 8 月第 1 次印刷

定价：17.00 元

读者服务部电话：（010）64929211/84209101/64921644

营销中心电话：（010）64962347

出版社网址：http://www.class.com.cn

http://jg.class.com.cn

前　言

“唯有精神上达到一定的高度，这个民族才能在历史的洪流中屹立不倒、奋勇向前。”中华文化源远流长、灿烂辉煌。在5 000多年文明发展中孕育的中华优秀传统文化，代表着中华民族独特的精神标识。今天，技工院校的学生正在技能之路上不断前行；未来，他们会在技能的舞台上一展雄姿，成为适应世界科技革命和产业变革的高技能人才。世界形势风云变幻之下，中国的高技能人才不仅需要熟练掌握技能，还需要具备深厚的人文素养、拥有做中国人的底气和自信。因而，学习中华优秀传统文化就变得十分有必要。中华优秀传统文化是中华文明的智慧结晶和精华所在，是中华民族的根和魂。我们从中汲取营养，必能在文化激荡中站稳脚跟。

中华优秀传统文化需要在书本中获得，也需要在活动和实践中内化。“中华优秀传统文化学习指导与实践”系列就是让学生在学习完中华优秀传统文化相关知识后，一步一步引领学生在练习与实践中内化真知。

结合学生的认知规律，我们确定了中华优秀传统文化的内化过程：初步体悟—实践感知—体悟升华。具体到每课来说，“初步体悟”环节深度解析了“中华优秀传统文化”系列中“含英咀华”部分的选文，从重难点字词注音与注释、作者生平与写作背景介绍、选文朗诵等几个维度“扶一扶”学生，辅助学生完成知识巩固与文化的初步体悟；“实践感知”环节呼应了“中华优秀传统文化”系列“博观约取”“源远流长”“谈古论今”等部分的内容，又做了适度发挥和超越，旨在通过录制小视频、组织辩论赛、当众去演讲、实地去调研等诸多学生们喜爱的活动形式，引导学生在活动中、在参与中完成实践探索和心灵体悟；“体悟升华”环节将“中华优秀传统文化”系列“含英咀华”部分的选文做成了字帖，力求让学生们在描红的时候静下来、慢下来，在眼、手、脑、心的“合奏”下将已学、已做、已感受之内容“熔”为己物，完成体悟的升华。借助“中华优秀传统文化学习指导与实践”系列，学生获得了文化的熏陶，在动手、动嘴、动脑、动心中自觉完成了文化吸收和文化浸润，以上这些，终将外化为具有文化素养的个体行为。

本套山东卷为“中华优秀传统文化学习指导与实践”系列之一，由山东省一线骨干教师执笔，共分4册。单册设4个单元，分别是百工之艺、处世之道、哲人之思、民俗之情，各册相同。每单元包含4课，每课一个主题。全书秉承“中华优秀传统文化学习指导与实践”系列的设计理念，以学生为中心、以活动为载体、以能力为本位，引导学生在自主探究中领悟“百工之艺”单元能工巧匠技术背后的真谛，体会“处世之道”单元先贤们总结出来的处事原则和方法，分析“哲人之思”单元伟大的哲人们传授给我们的看待世界的方式和自我价值的认定模式，沐浴“民俗之情”单元给予我们的礼俗洗礼。

大道至简，知易行难，知行合一，得到功成。希望技工院校的学子们能够在学习和内化中华优秀传统文化的过程中完成文化自信的重塑，站在先人的肩膀上继续投身于永不止步的自我完善之中、投身于民族的伟大复兴之中，成为真正的高技能人才，收获有分量的人生！

目　录

百工之艺

第一课　长城万里……3

第二课　圣庙大观……11

第三课　鸢飞古邑……18

第四课　玉琢成器……24

处世之道

第五课　有志竟成……35

第六课　行远自迩……42

第七课　家国情怀……49

第八课　善始善终……59

哲人之思

第九课　仁者爱人……67

第十课　义利之辨……74

第十一课　格物致知……79

第十二课　知行合一……85

民俗之情

第十三课　人世初礼……93

第十四课　加冠及笄……101

第十五课　婚嫁合卺……111

第十六课　传统节日：春节……119

百工之艺

第一课　长城万里

一、文润心田　书香同行

扫二维码，听朗诵录音；结合注释、作者生平和写作背景，体会诗文中蕴含的思想感情。

从军行（其二）

［唐］王昌龄

琵琶起舞换新声[1]，总是关山[2]旧别情。
撩（liáo）乱[3]边愁听不尽，高高秋月照长城[4]。

【注释】

1. 新声：新的曲调。

2. 关山：关山，关隘山川，此处也指山川阻隔的故乡。双关《关山月》曲调。《乐府古题要解》云：“《关山月》，伤离也。”

3. 撩乱：纷乱，杂乱。

4. 长城：借指边塞。

【作者生平】

王昌龄（？—756），唐代诗人。字少伯，京兆长安（今陕西西安）人。开元十四年（726）曾前往唐王朝边塞河西走廊地区。开元十五年登进士第，任秘书省校书郎。开元二十二年，改汜水（今河南荥阳汜水镇）县尉，二十七年因事被贬谪岭南。次年，由岭南北返长安，被任命为江宁（今江苏南京）县丞。在江宁数年，又受谤毁，被贬为龙标（今湖南洪江西）尉。安史之乱起，王昌龄由贬所赴江宁，为濠州刺史闾丘晓所杀。其诗多写边塞军旅、宫苑闺情。世称“诗家夫子王江宁”或“王龙标”，又有“七绝圣手”之称。

【写作背景】

“从军行”是乐府旧题，多用于写军旅的艰辛生活。王昌龄的《从军行》是组诗，共7首，本诗是其中的第二首。这首诗通过截取军中宴乐的一个片段，描写赴边战士难以排遣的思乡之情。琵琶是军中常用的一种乐器，琵琶曲也经常用来抒发战士对战争或者常年驻守边关的悲愁。

关山月

［唐］李白

明月出天山[1]，苍茫云海[2]间。

长风[3]几万里，吹度[4]玉门关[5]。

汉下白登道[6]，胡窥（kuī）青海湾[7]。

由来[8]征战地，不见有人还。

戍（shù）客[9]望边色，思归多苦颜。

高楼[10]当此夜，叹息未应闲[11]。

【注释】

1. 天山：祁连山，在今甘肃西北部。

2. 云海：从山的高处向下望，平铺像海的云。

3. 长风：远风。

4. 吹度：吹越，吹过。

5. 玉门关：古关名。汉武帝置。因西域输入玉石取道于此而得名。故址即今甘肃敦煌市西北小方盘城，为当时与西域交通的门户。

6. 汉下白登道：据《汉书·匈奴传》载，匈奴扰汉，兵至晋阳（今山西太原），汉高祖亲自领兵抵抗，至白登，中计被困 7 日，粮饷断绝，伤亡惨重。下，出兵。下白登，向白登进军。白登，山名，在今山西大同市东。

7. 胡窥青海湾：唐高宗和唐玄宗时，曾多次在青海湖附近与吐蕃交战。胡，指吐蕃。窥，视，此言伺机侵扰。青海湾，青海湖，在今青海省内。

8. 由来：从来。

9. 戍客：戍守边塞的人。

10. 高楼：古诗中多以高楼代指闺中。

11. 闲：停止。

【作者生平】

李白（701—762），唐代诗人。字太白，号青莲居士。自称祖籍陇西成纪（今甘肃静宁西南），其先人在隋末流寓碎叶（在今吉尔吉斯斯坦北部托克马克附近）。幼时随父迁居绵州昌隆（今四川江油）青莲乡。少年时，广读诸子百家之书，好剑术。唐玄宗开元十三

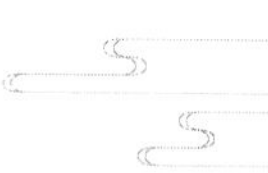

年离川，长期在各地漫游。天宝元年（742），被玄宗召入长安，供奉翰林。但他秉性耿直，遭受谗言诋毁，在长安前后不满两年，即被迫辞官离京。安史之乱中，怀着平乱的志愿，曾入永王李璘幕府，因璘败牵累，流放夜郎。中途遇赦东还。晚年流落在江南一带。听到太尉李光弼率大军出镇临淮，讨伐安史叛军，还北上准备从军杀敌，因病半路折回。次年在他的从叔当涂（今属安徽）县令李阳冰的寓所病逝。李白诗风雄奇豪放，想象丰富，被后人誉为“诗仙”。有《李太白集》。

【写作背景】

“关山月”是乐府旧题，内容多表现征戍离别的伤感。这首诗写戍守边塞之人月夜对妻子的深切怀念。诗的前四句写景，写出了边地的辽阔苍茫、边关的空旷荒凉。中间四句叙事，叙写古往今来的边塞战争。这些战争造成了无数的妻离子散、家破人亡，充满残酷性。末四句抒情，先从戍守边塞之人的角度直抒思乡之苦，再遥想家乡的妻子伫立高楼共对此夜无休止地叹息。这首诗通过揭示战争给人民带来的损失和痛苦，表达对和平安宁生活的渴望之情。

望江南

［宋］金德淑

春睡起，积雪满燕山[1]。万里长城横玉带[2]，六街[3]灯火已阑珊（lán shān）[4]。人立蓟（jì）[5]楼间。

空懊恼，独客此时还。辔（pèi）[6]压马头金错落，鞍（ān）笼驼背锦斓（lán）班[7]。肠断唱阳关[8]。

【注释】

1. 燕山：在河北平原北侧，由潮白河河谷直到山海关。东西走向。长 300 多千米。

2. 玉带：古代官员所用的玉饰腰带。

3. 六街：原指唐代长安城中的 6 条大街。这里泛指燕京城中的街道。

4. 阑珊：将残、将尽之意。

5. 蓟：古地名，秦置为县，治所在今北京城西南。这里是代指大都。

6. 辔：驾驭牲口的嚼子和缰绳。

7. 斓班：颜色错杂灿烂。

8. 阳关：指《阳关三叠》，亦称《阳关曲》。琴曲。各派琴谱均以唐代王维《送元二使安西》诗为主要歌词，并引申诗意，增添词句，抒写离情别绪。全曲分 3 段，原诗反复 3 次，故称“三叠”。

【作者生平】

金德淑，南宋旧宫人，宋亡后，被掳北上，后嫁章丘李生。词仅存《望江南》一首。

【写作背景】

南宋灭亡后，众多后宫嫔妃、宫人一起被掳北上。这首词题下原有注释：“宋旧宫人赠汪水云南还词。”汪水云，即南宋著名遗民诗人汪元量。金德淑与王昭仪、汪元量都是宋亡后入元的宫中人。1288 年，汪元量被作为道士放返南归，临行之际，旧宋宫人纷纷作词赠别。词的上片寓情于景，通过描绘北国风光，表达了作者对江南故国的深深怀念。下片直抒离别之情，具有强烈的艺术感染力。《望江南》虽以笔墨写就，但犹如用血泪汇成，虽未明言痛哭，但却让人感到无比沉痛。

登万里长城

［清］康有为

秦时楼堞(dié)[1]汉家营，匹(pǐ)马高秋抚(fǔ)旧城[2]。

鞭石千峰上云汉[3]，连天万里压幽并[4]。

东穷碧海群山立，西带黄河落日明。

且勿[5]却胡论功绩，英雄造事[6]令人惊。

【注释】

1. 堞：城墙上的矮墙，又称女墙。此处楼堞即万里长城。

2. 旧城：指明代在居庸关、八达岭修筑的城关。

3. 鞭石千峰上云汉：据《三齐略记》载，始皇作石桥，欲过海观日出处。于时有神人能驱石下海……石去不速，神人辄鞭之。此处借用其意——仿佛有神人把无数砖石用鞭子驱赶到千峰之上，直通霄汉。

4. 幽并：幽州和并州，均为古九州之一，这里指长城经过的河北、北京、辽宁、山西、内蒙古一带的地方。

5. 且勿：且不要说。

6. 造事：指建造长城这一宏伟工程的事。

【作者生平】

康有为（1858—1927），中国近代政治家、思想家、维新派领袖，后为保皇会首领。原名祖诒，字广厦，号长素，又号更生，广东南海丹灶（今属佛山市南海区）人。1888 年（光绪十四年），鉴于民族危机加深，第一次上书清帝，建议变法图强。1895 年《马关条约》签订，联合在北京会试的举人 1 300 余人发动“公车上书”，极陈时局忧危，请求变法。1895 年中进士。1898 年在北京成立保国会，受到光绪帝召见，促成百日维新。9 月，戊戌政变发生，逃亡国外。此后组织保皇会反对民主革命。辛亥革命后，返国，在上海主编《不忍》

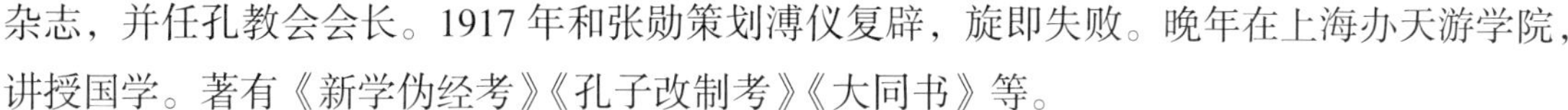

杂志，并任孔教会会长。1917 年和张勋策划溥仪复辟，旋即失败。晚年在上海办天游学院，讲授国学。著有《新学伪经考》《孔子改制考》《大同书》等。

【写作背景】

作为立志变法图强的启蒙思想家，康有为促成百日维新，震动了华夏大地。早在顺天乡试期间（1888），他就“发愤上书万言”，提出了维新变法的主张。上书前夕，这位热血青年，曾一鞭单骑出居庸关，站在雄伟的八达岭上，纵览山河壮色，写下了两首“郁勃苍凉”的七律，本诗即是其中之一。

二、励志砺学　知行合一

请完成以下学习任务。

学习任务一：走近长城

长城是人类历史上最伟大的工程之一，规模浩大、气势恢宏，被认为是中国的象征。

蜿蜒万里的长城并非只是孤立的城墙，它由点到线、由线到面，将沿线的隘口、关城和军事重镇联结成一张严密的网，形成一个完整的防御体系，以达到御敌守国的目的。

在中国古代，对于骁勇善战、来去如风的入侵者来说，长城是一道难以逾越的防线。纵然入侵者的骑兵能够破关而入，防御者也能通过烽火台的警示很快知晓哪里被攻破，及时采取抵御措施；另一方面，长城扼住了入侵者南下的各个交通要道，减缓了他们后勤供给的速度，有效防止了入侵者的大范围入侵。癣疥之疾再重，也侵入不到膏肓，这是长城存在的根本意义。

（一）活动规则

1. 课前利用网络等资源收集有关长城的故事。

2. 课堂上以 4~6 人为一小组交流分享，每人在组内分享一个自己收集到的故事，并用自己的话清晰、简练地讲述故事。

3. 每组选出一位讲得最好的同学，在班上分享。

4. 在同学们分享的故事中，哪一个留给你的印象最深？说一说你的感受。

（二）活动内容

在各组代表分享故事的过程中，其他同学应注意倾听并做好记录，选择自己印象最深的一个故事，将感想写在下面的方框内。

我印象最深的故事：

____

我的感受：

____

____

学习任务二：搜集赞咏长城的诗句

“起春秋，历秦汉，及辽金，至元明，上下两千年”“跨峻岭，穿荒原，横瀚海，经绝壁，纵横十万里”。长城雄踞崇山峻岭，横亘塞北大漠，是中华民族一路走来艰辛奋斗的象征。它凝聚了中华民族自强不息的奋斗精神和众志成城、坚韧不屈的爱国情怀。

几千年来，文人墨客为长城写下了许多不朽的诗篇：“青海长云暗雪山，孤城遥望玉门关”“天高云淡，望断南飞雁。不到长城非好汉，屈指行程二万”……这些诗篇写出了中华儿女建功立业的豪情和保家卫国的坚定信念。

（一）活动规则

1. 课前结合教材中王昌龄的《从军行（其二）》和李白的《关山月》，利用网络等资源搜集作者生平和写作背景，深度挖掘诗句内涵，探索长城带给我们的启示。

2. 课堂上以 4~6 人为一小组，在组内分享自己搜集到的资料，分享对长城的感悟。

3. 每组选出一位同学，代表小组在班上分享。

4. 在教室设置展区，展示活动成果。

（二）活动内容

每位同学都要参考原文及作者生平和写作背景，深度挖掘诗句内涵，写出对长城的个人感悟。

诗句汇总表

诗句	
赏析	
感悟	

三、妙笔生辉　墨润心田

请完成以下字帖描红。

从军行（其二）

［唐］王昌龄

琵琶起舞换新声，
总是关山旧别情。
撩乱边愁听不尽，
高高秋月照长城。

关山月

［唐］李白

明月出天山，苍茫云海间。
长风几万里，吹度玉门关。
汉下白登道，胡窥青海湾。
由来征战地，不见有人还。
戍客望边色，思归多苦颜。
高楼当此夜，叹息未应闲。

望江南

［宋］金德淑

春睡起，积雪满燕山。万里长城横玉带，六街灯火已阑珊。人立蓟楼间。

空懊恼，独客此时还。辔压马头金错落，鞍笼驼背锦斓斑。肠断唱阳关。

登万里长城

［清］康有为

秦时楼堞汉家营，
匹马高秋抚旧城。
鞭石千峰上云汉，
连天万里压幽并。
东穷碧海群山立，
西带黄河落日明。
且勿却胡论功绩，
英雄造事令人惊。

第二课　圣庙大观

一、文润心田　书香同行

扫二维码，听朗诵录音；结合注释、作者生平和写作背景，体会诗文中蕴含的思想感情。

曲阜孔庙（节选）

今天全中国每一个过去的省城、府城、县城都必然还有一座规模宏大、红墙黄瓦的孔庙，而其中最大的一座，就在孔子的家乡——山东省曲阜，规模比首都北京的孔庙还大得多。在庙的东边，还有一座由大小几十个院子组成的“衍圣公[1]府”。曲阜城北还有一片占地几百亩、树木葱郁、丛林密茂的孔家墓地——孔林。孔子以及他的七十几代嫡长子孙都埋葬在这里。

孔庙现存的建筑物也可以看作中国近八百年来的“建筑标本陈列馆”。这个“陈列馆”一共占地将近十公顷，前后共有八进庭院，殿、堂、廊、庑(wǔ)[2]，共六百二十余间，其中最古的是金朝（公元一一九五年）的一座碑亭，以后元、明、清、民国各代建筑都有。孔庙的八进庭院中，前面（即南面）三进庭院都是柏树林，每一进都有墙垣环绕，正中是穿过柏树林和重重的牌坊、门道的甬道。第三进以北才开始布置建筑物。这一部分用四个角楼标志出来，略似北京紫禁城，但具体而微。在中线上的是主要建筑组群，由奎文阁、大成门、大成殿、寝殿、圣迹殿和大成殿两侧的东庑和西庑组成。大成殿一组也用四个角楼标志着，略似北京故宫前三殿一组的意思。在中线组群两侧，东面是承圣殿、诗礼堂一组，西面是金丝堂、启圣殿一组。大成门之南，左右有碑亭十余座。此外还有些次要的组群。

（本文略有删改）

【注释】

1. 衍圣公：为孔子后裔的世袭封号，始于宋至和二年（1055），历经宋、元、明、清、民国，直至1935年被更换。

2. 庑：堂下周围的廊屋。

【作者生平】

梁思成（1901—1972），中国建筑学家，广东新会（今江门市新会区）人，梁启超长子。清华学校（今清华大学）毕业，美国宾夕法尼亚大学硕士。1928年回国后，先后在东北大学、清华大学任教授，创办建筑系并任系主任。其间还任职于中国营造学社，从事中国古建筑科学研究工作。他对中国建筑学的科学研究有很大贡献，是中国近代建筑教育的奠基者之一。主要著有《清式营造则例》《中国建筑史》《营造法式注释》以及古代建筑调查报告和论文数十篇。

【写作背景】

1935年初，人们决定修缮和养护山东曲阜的孔庙，梁思成被聘为这一重要工程的顾问。工作期间他勘察了孔庙所有殿宇，进行了大量资料拍摄，后结合勘察情况撰写了分析报告——《曲阜孔庙之建筑及其修葺计划》。作为一代建筑大师，梁思成在《曲阜孔庙》一文中从历史背景、时代变迁、建筑特色3个方面对孔庙进行了说明，并赋予孔庙新的时代风貌和时代特色。

上联：德大千年祀（sì）[1]

下联：名高万世师

——曲阜孔庙寝殿联

【注释】

1. 祀：祭祀。

【作者生平】

不详。

【写作背景】

对联的大意是孔子的道德广大，千百年来祭祀不断；孔子的名声崇高，被尊为万世师表。此联表达了对孔子道德及名声的高度赞誉。

上联：夫子贤于尧舜[1]远

下联：至诚[2]可与天地参[3]

——曲阜孔庙大成殿联

【注释】

1. 尧舜：指唐尧和虞舜，他们都是远古部落联盟的首领。相传为圣明之君，后来成为称颂帝王的套语。

2. 至诚：指道德修养的最高境界。

3. 参：比，并。

【作者生平】

不详。

【写作背景】

上联出自《孟子·公孙丑上》“宰我曰：‘以予观于夫子，贤于尧舜远矣！’”，下联出自《中庸》“唯天下至诚……则可以与天地参矣”。对联大意是孔子的贤德远高于尧舜，他达到了“至诚”的境界，可以和天地并列。该联体现了后世对孔子德行的高度肯定。

上联：德冠生民，溯[1]地辟天开，咸尊首出

下联：道隆群圣，统金声玉振[2]，共仰大成[3]

——曲阜孔庙大成殿联

【注释】

1. 溯：追溯。

2. 金声玉振：比喻孔子的德行全备，正如奏乐，以钟发声，以磬收韵，集众音之大成。金，指钟。玉，指磬。

3. 大成：乐曲奏完一节谓一成，九成而乐毕，谓之大成。用以比喻学术上形成完整的体系。

【作者生平】

清世宗（1678—1735），即“爱新觉罗·胤禛”，清代皇帝。圣祖第四子。初封雍亲王。1722—1735 年在位，年号“雍正”。清世宗在其短暂的 13 年统治中，在各个方面实行具有特色的政策，如整顿吏治、设立军机处、摊丁入亩、耗羡归公、在西南地区推行改土归流、设驻藏大臣等。

【写作背景】

清世宗尊崇孔子，超越于以往帝王。继位后采取了一些尊孔兴儒的措施，此联就是他为孔庙大成殿亲书。上下联内容大义为：孔子的德行为万民之先，人们认为他是自开天辟地以来的第一人；孔子的学说高出诸圣贤的学说，大家都敬仰他集大成的境界。此联表达了清世宗尊孔重儒的思想，折射出儒家思想的统治地位和独特魅力。

二、励志砺学　知行合一

请完成以下学习任务。

学习任务一：探索万仞宫墙的文化底蕴

（一）活动规则

1. 课前查找孔庙万仞宫墙的史料。
2. 课上以 4~6 人为一组，在组内分享资料。
3. 每组选出一位同学，在班上进行分享。

（二）活动内容

在同学分享资料时，注意倾听并完成记录任务。

1.“万仞宫墙”四字是谁题写的？

---

2. 为什么称为万仞宫墙？

---

3. 我们从中领悟到什么？

学习任务二：发现曲阜孔庙的匾额文化

匾额，多出现在中国的古建筑上，是挂在门、墙、厅堂、亭榭上的题字横牌。匾额将中华优秀传统文化中的辞赋诗文、书法篆刻、建筑艺术融为一体，是彰显中华民族独特文化的重要载体。曲阜孔庙中就存有大量匾额。

汉代以后历代帝王多崇奉儒学，特别是清朝历代皇帝，他们尊孔重儒，为曲阜孔庙题写了大量匾额，仅大成殿就有康熙皇帝的“万世师表”、雍正皇帝的“生民未有”、乾隆皇帝的“时中立极”等。

孔庙的匾额多是表达对孔子的推崇，称颂儒家思想的博大精深，对我们深入了解儒家文化具有十分重要的指导意义。

（一）活动规则

1. 课前收集曲阜孔庙的所有匾额，并了解匾额的含义和作者。

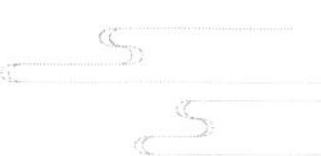

2. 课堂上 4~6 人一组，对搜集的匾额进行分享。

3. 每组选出一名代表，在班上进行匾额分享。

4. 根据小组分享内容的数量及质量，评选出前三名，给予奖励。

（二）活动内容

每位同学做好分享准备，填写下面的匾额统计表。

匾额统计表

序号	内容	作者	意义
1	万世师表	康熙皇帝	孔子作为平民教育的开创者，是历代教师的表率

三、妙笔生辉　墨润心田

请完成以下字帖描红。

曲阜孔庙（节选）

今天全中国每一个过去的省城、府城、县城都必然还有一座规模宏大、红墙黄瓦的孔庙，而其中最大的一座，就在孔子的家乡——山东省曲阜，规模比首都北京的孔庙还大得多。在庙的东边，还有一座由大小几十个院子组成的“衍圣公府”。曲阜城北还有一片占地几百亩、树木葱郁、丛林密茂的孔家墓地——孔林。孔子以及他的七十几代嫡长子孙都埋葬在这里。

孔庙现存的建筑物也可以看作中国近八百年来的“建筑标本陈列馆”。这个“陈列馆”一共占地将近十公顷，前后共有八进庭院，殿、堂、廊、庑，共六百二十余间，其中最古的是金朝（公元一一九五年）的一座碑亭，以后元、明、清、民国各代建筑都有。孔庙的八进庭院中，前面（即南面）三进庭院都是柏树林，每一进都有墙垣环绕，正中是穿过柏树林和重重的牌坊、门道的甬道。第三进以北才开始布置建筑物。这一部分用四个角楼标志出来，略似北京紫禁城，但具体而微。在中线上的是主要建筑组群，由奎文阁、大成门、大成殿、寝殿、圣迹殿和大成殿两侧的东庑和西庑组成。大成殿一组也用四个角楼标志着，略似北京故宫前三殿一组的

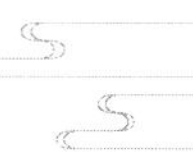

意思。在中线组群两侧，东面是承圣殿、诗礼堂一组，西面是金丝堂、启圣殿一组。大成门之南，左右有碑亭十余座。此外还有些次要的组群。

（本文略有删改）

上联：德大千年祀

下联：名高万世师

——曲阜孔庙寝殿联

上联：夫子贤于尧舜远

下联：至诚可与天地参

——曲阜孔庙大成殿联

上联：德冠生民，溯地辟天开，咸尊首出

下联：道隆群圣，统金声玉振，共仰大成

——曲阜孔庙大成殿联

第三课　鸢飞古邑

一、文润心田　书香同行

扫二维码，听朗诵录音；结合注释、作者生平和写作背景，体会诗文中蕴含的思想感情。

风　筝

［唐］高骈

夜静弦声响碧空[1]，

宫商[2]信任往来风。

依稀似曲才堪[3]听，

又被风吹别调中。

【注释】

1. 碧空：青蓝色的天空。

2. 宫商：宫、商、角（jué）、徵（zhǐ）、羽，这五音是中国古乐基本音阶。古时风筝上装有弦或笛，放飞空中会发出响声，“宫商”在这里指风筝发出的美妙声音。

3. 堪：能够，可以。

【作者生平】

高骈（pián）（821—887），字千里，唐末著名诗人、将领，名将高崇文之孙。先世为山东名门“渤海高氏”，迁居幽州（今北京）。早年曾因战功获封渤海郡王，后因自保而消极出战，兵权被削。晚年重用术士，致使上下离心，终为部将所杀。高骈虽是一名武将，却喜好文学，其诗“雅有奇藻”。

【写作背景】

唐僖宗乾符元年（874），朝廷派遣高骈镇守蜀中，授成都尹、剑南西川节度观察使，抵御南诏国的入侵。高骈到任后以兵压南诏境，迫使其修好。后修筑大玄城，加强防御，防止南诏国再度入侵。因守城有功，朝廷对高骈进行了恩赏，但也怀疑他有长居割据的意

图。高骈察觉到了朝廷的猜疑，于是写了《风筝》这首诗抒发胸臆，表达了在朝廷多变态度下自己的无奈之情。

村　居

［清］高鼎

草长莺飞二月天，

拂堤杨柳醉春烟[1]。

儿童散学[2]归来早，

忙趁东风放纸鸢（yuān）[3]。

【注释】

1. 春烟：春天水泽、草木间蒸发形成的烟雾般的水汽。
2. 散学：放学。
3. 纸鸢：即风筝，俗名鹞子。鸢，老鹰。

【作者生平】

高鼎（生卒年不详），字象一，又字拙吾，浙江仁和（今浙江杭州）人，清末诗人。事迹不详。

【写作背景】

《村居》是高鼎所写的一首七言绝句，描写了诗人居住在乡村时所见到的春天景象和放学后孩子们放风筝的情景，表现了诗人因春天来临而产生的喜悦之情。

怀潍县二首送郭伦昇归里（其二）

［清］郑燮

纸花[1]如雪满天飞，

娇女[2]秋千打四围[3]。

五色罗裙风摆动，

好将蝴蝶斗春归。

【注释】

1. 纸花：在这里专指风筝。

2. 娇女：娇美的姑娘。

3. 打四围：潍县有一种转秋千，中间有一大轴，打秋千者绕大轴旋转，所以叫“打四围”。

【作者生平】

郑板桥（1693—1766），名郑燮，字克柔，号板桥，江苏兴化人，乾隆元年进士，书画家、文学家。“扬州八怪”之一。其诗、书、画均旷世独立，世称“三绝”，尤其擅长画兰、竹、石、松、菊等植物。著有《板桥全集》。

【写作背景】

郑板桥曾在山东潍县（今潍坊市）任县令，因政绩卓著，深受当地百姓爱戴。这首诗写于1763年，此时的郑板桥已经71岁高龄，离开任职的潍县整整10年。他的潍县好友郭伦昇去江南拜访他，他心情激动，回忆起在潍县为官的过往，怀着真挚的感情写了《怀潍县二首赠郭伦昇归里》。本诗是其中的第二首。

题画诗

［清］吴友如

只凭风力健，

不假[1]羽毛丰。

红线凌空去，

青云[2]有路通。

【注释】

1. 假：借助，凭借。

2. 青云：高空的云。诗中借指高空。

【作者生平】

吴友如（？—1893），名嘉猷，字友如，清末画家，元和（今江苏苏州）人。擅长人物肖像画，曾是一名宫廷画师。他的画作参用西方透视画法，线条遒劲简洁，对以后的年画、连环画有很大的影响。他是一位将传统民间艺术与新的石印技术结合的画家，也是著名的风俗画家、时事新闻插画家。

【写作背景】

吴友如是清末著名画家，作品颇丰，以描绘市井风俗、时事新闻为主，比较接地气。这首《题画诗》描写风筝时也颇有意趣，不仅把风筝的特征和神采写得有声有色，

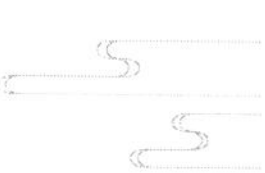

而且字里行间寓含高远之志，洋溢着乐观向上的基调。这也是他生活态度及志向的真实写照。

二、励志砺学　知行合一

请完成以下学习任务。

学习任务一：探究潍坊风筝的起源与发展

放风筝是民间传统习俗。潍坊，世界风筝之都，又称鸢都，这里是风筝的发源地，风筝制作历史悠久，工艺精湛，现在世界上 70% 以上的风筝仍来自潍坊。作为传统手工艺珍品，2006 年 5 月，潍坊风筝被列入第一批国家级非物质文化遗产名录。国际风筝联合会的会议总部就设在潍坊。现在，潍坊已成为世界风筝文化交流的中心，每年春天常会举办“风筝节”，其创立的“风筝牵线、文体搭台、经贸唱戏”模式，为世界经济文化的交流提供了平台。

（一）活动规则

1. 利用周末的时间，去潍坊风筝博物馆、杨家埠民俗馆等地实地考察，查阅相关资料，了解潍坊风筝的起源与发展。

2. 每位同学制作一份关于潍坊风筝的手抄报。

3. 在班上设置展区，对手抄报进行展示。

（二）活动内容

每位同学都要参与并完成手抄报的制作，讲述潍坊风筝的故事，并填写活动记录卡。

活动记录卡

我考察的地方：____

____

与风筝有关的一则小故事：________________________________

____

____

学习任务二：自己动手学习扎制风筝

经过长期的发展创新，潍坊风筝逐渐形成了独特的艺术特点和风格。它以材料的奇特、设计的新颖、画工的工笔技法以及放飞时的巧用力学原理，形成了浓郁的地方特色和独特神韵，蜚声中外。

潍坊风筝的题材非常广泛，包括人物、禽兽、昆虫、文玩器物、戏剧脸谱、历史故事、神话传说等。

潍坊风筝形式多样，大致可分为串式、桶式、硬翅、软翅、板式、动态 6 大类。

风筝制作在潍坊非常普遍，大街小巷随处可见风筝制作点和销售点。

（一）活动规则

1. 通过查阅资料了解潍坊风筝的分类及特点。
2. 走访风筝制作艺人，掌握简单风筝的扎制技巧。
3. 每人尝试制作一只风筝。
4. 将扎制的风筝进行展示。

（二）活动内容

每人都要扎制一只风筝，并记录风筝制作的要点。

知识卡片

我扎制的风筝名称：____

所属种类：____

扎制过程及要点：____

____

____。

三、妙笔生辉　墨润心田

请完成以下字帖描红。

风筝

［唐］高骈

夜静弦声响碧空，
宫商信任往来风。
依稀似曲才堪听，
又被风吹别调中。

村居

[清]高鼎

草长莺飞二月天，
拂堤杨柳醉春烟。
儿童散学归来早，
忙趁东风放纸鸢。

怀潍县二首送郭伦昇归里（其二）

[清]郑燮

纸花如雪满天飞，
娇女秋千打四围。
五色罗裙风摆动，
好将蝴蝶斗春归。

题画诗

[清]吴友如

只凭风力健，不假羽毛丰。
红线凌空去，青云有路通。

第四课　玉琢成器

一、文润心田　书香同行

扫二维码，听朗诵录音；结合注释、作者生平和写作背景，体会诗文中蕴含的思想感情。

淇　奥[1]

《诗经·卫风》

瞻彼淇奥，绿竹猗猗[2]。有匪[3]君子，如切如磋[4]，如琢如磨[5]。瑟兮僩（xiàn）兮[6]，赫兮咺（xuān）[7]兮。有匪君子，终不可谖（xuān）[8]兮。

瞻彼淇奥，绿竹青青。有匪君子，充耳[9]琇（xiù）莹[10]，会弁（kuài biàn）[11]如星。瑟兮僩兮，赫兮咺兮。有匪君子，终不可谖兮。

瞻彼淇奥，绿竹如箦（zé）[12]。有匪君子，如金如锡[13]，如圭如璧[14]。宽兮绰兮，猗重较[15]兮。善戏谑兮，不为虐兮。

【注释】

1. 淇奥：淇，水名，在今河南北部，源出淇山。奥，水边弯曲的地方。
2. 猗猗：美丽繁茂的样子。
3. 匪：同“斐”，有文采的样子。
4. 切磋：本义是加工玉石骨器，引申为讨论研究学问。
5. 琢磨：本义是玉石骨器的精细加工，引申为学问道德上钻研深究。
6. 瑟、僩：瑟，仪容庄重的样子。僩，神态威严。
7. 咺：威仪显著。
8. 谖：忘记。
9. 充耳：挂在冠冕两旁的饰物，下垂至耳，常用玉石制成。
10. 琇莹：似玉的美石，用以装饰。
11. 会弁：冠冕的缝合处。会，缝隙。弁，古代贵族男子穿礼服时戴的帽子。
12. 箦：同“积”，堆积。

13. 金、锡：黄金和锡，一说铜和锡。

14. 圭、璧：圭，玉制礼器，上尖下方，在举行隆重仪式时使用。璧，玉制礼器，正圆形，中有小孔，贵族朝会或祭祀时使用。

15. 猗重较：猗，同“倚”。较，古时车两旁做扶手的曲木或曲铜钩。重较，双较。

【作者生平】

这首诗歌选自《诗经·卫风》，是先秦时期卫国的歌谣，作者不可考，但应该是卫国人。卫国，先秦姬姓诸侯国。西周初，周公平定东方殷商故土的叛乱活动后，任命其弟康叔封坐镇河、淇间以控驭东方。叔封初封于康（今河南禹州西北），后不知何时改康为卫。西周末年，卫武公在政治上甚为活跃，周平王东迁也曾得到他的支持。春秋之初，卫国仍是东方的大国。前 660 年被狄人击败，靠齐的帮助，迁到楚丘（今河南滑县东），从此成为小国。前 629 年，又迁都帝丘（今河南濮阳东南）。战国时，国势更弱。前 254 年为魏所灭，成为魏的附庸，后被秦迁到野王（今河南沁阳），作为秦的附庸。前 209 年为秦所灭。

【写作背景】

《诗经》中有许多人物的赞歌，称赞的对象也很广泛。其中重要一类被称颂的对象，是各地的良臣名将。先秦时代，正是中华民族不断凝聚走向统一的时代，人们希望过上和平、富裕的生活。在那样一个时代，人们自然把希望寄托在圣君贤相、能臣良将身上。赞美他们，实际上是表达对美好生活的向往。《淇奥》便是这样一首诗歌。据《毛诗序》说：“《淇奥》，美武公之德也。有文章，又能听其规谏，以礼自防，故能入相于周，美而作是诗也。”这个武公，是卫国的卫武公，生于西周末年，曾经担任过周平王（？—前 720）的卿士。史传记载，卫武公晚年 90 多岁了，还是谨慎廉洁从政，宽容别人的批评，接受别人的劝谏，因此很受人们的尊敬，人们作了这首《淇奥》来赞美他。

诲学说

［宋］欧阳修

玉不琢，不成器[1]；人不学，不知道[2]。然玉之为物，有不变之常德[3]，虽不琢以为器，而犹不害为玉也。人之性，因物则迁[4]，不学，则舍君子而为小人，可不念[5]哉？

【注释】

1. 玉不琢，不成器：语出《礼记·学记》。琢，雕刻玉石。

2. 不知道：不懂得道理。道，规律，道理。也指学问、思想、道德。

3. 常德：永久的特性。常，永久。德，品行，这里指玉的特性。

4. 因物则迁：受外界事物的影响而发生变化。有人认为，人性是可以改变的，是受外界事物的影响而发生变化的，其中学习起着重要作用。

5. 念：考虑，深思。

【作者生平】

欧阳修（1007—1072），北宋文学家、史学家。字永叔，号醉翁，晚号六一居士，吉州吉水（今属江西）人。天圣进士，曾任枢密副使、参知政事。早年支持范仲淹主持的“庆历新政”，要求在政治上有所改革。神宗即位，因议新法，与王安石意见不合，坚请致仕，卒谥“文忠”。所作文章说理畅达，抒情委婉，为北宋古文运动领袖，“唐宋八大家”之一。曾与宋祁合修《新唐书》，独撰《新五代史》。有《欧阳文忠公文集》。

【写作背景】

这篇文章是欧阳修写给他的儿子，教导其努力学习的短文。“玉不琢，不成器；人不学，不知道”原是《礼记·学记》中的话，欧阳修在这里把玉的成器和人的成才加以对比，说明学习的重要性。他认为美玉不琢不磨，虽不成器物，仍不失为玉；人不学习，则会变成品行不好的小人，危害甚大，因而勉励儿子要努力学习，力求上进，成为品学兼优的人，而不要沦为小人。

天工开物（节选）

凡玉初剖时，冶铁为圆盘，以盆水盛沙，足踏圆盘使转，添沙[1]剖玉，逐忽划断。中国解玉沙出顺天玉田与真定、邢台两邑。其沙非出河中，有泉流出精粹如面，借以攻玉，永无耗折。既解之后，别施精巧功夫。得镔铁[2]刀者，则为利器也。镔铁亦出西番哈密卫砺石中，剖之乃得。

【注释】

1. 添沙：研磨、琢磨玉的硬砂。一种是石榴石，常用的为铁铝榴石，红色透明，硬度为7，产于河北邢台；另一种为刚玉，天然结晶氧化铝，有蓝、红、灰白等色，硬度为9，产于河北平山。

2. 镔铁：精炼的铁。

【作者生平】

宋应星（1587—？），明代科学家。字长庚，江西奉新人。万历举人。后虽6次赴京师参加会试，未考取进士，于是放弃科举，转而钻研科学技术。历任江西分宜教谕、福建汀州府（治今长汀）推官、南京亳州（今属安徽）知州等职。崇祯十七年（1644），清兵入

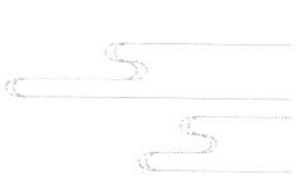

关，宋应星弃官回乡，后曾仕南明，一说曾参加过南明政府的抗清斗争，失败后云游四方。约死于清顺治年间。宋应星从青年时代开始，从未间断科学研究活动。重视“济世实用”之学，认为如不亲自进行观察、调查，就无法掌握事物本质。经常深入实际，学习劳动者生产知识，加以研究、总结。著有《天工开物》《野议》《论气》《谈天》等。

【写作背景】

宋应星出身官宦世家，少有大志，博览经、史、子、集，才大学博，无奈仕途不顺，一生坎坷。科举失败后，宋应星转向家学。他虽没有实现济世安民的抱负，却在实学之路上达到了一般书生未能企及的高度，为人类奉献了《天工开物》这部科学巨著。

《天工开物》是专门研究各种生产技术的著作。宋应星崇祯七年（1634）任江西分宜教谕，《天工开物》就是在这时候写成的。《天工开物》分上、中、下3卷，成书于崇祯九年（1636）。《天工开物》一书内容繁缛，涉及了当时几乎所有手工技艺，对从原料到成品的全部生产过程和工序都有较详细的说明和记录，反映了当时科技的新水平。此书除文字外，还附有许多精美细致的插图，对了解明代的版画插图，亦有一定的参考价值。《天工开物》是中国古代科技史上里程碑式的著作，也是世界古代科技史上的名著。

二、励志砺学　知行合一

请完成以下学习任务。

学习任务一：根据《玉作图》绘制琢玉工艺简易流程图

玉，是一种美丽的矿石，它质地细密坚硬，光泽温润，经过精雕细琢，可成为精美珍贵的工艺品。在我国传统文化中，玉具有崇高的地位和特殊的文化内涵，人们尊玉、爱玉、佩玉、赏玉、玩玉……美玉的品质与人高尚的品格紧密相连，是君子至高的追求。《礼记》中的“君子无故，玉不去身”，即在提醒君子：玉如美德，应当时刻不离身。

天然的矿石变成精美的玉器，需要经历繁复细致的制作过程，对此，清代李澄渊在《玉作图》中做了详细记录，你能据此绘制出当时的琢玉工艺简易流程图吗？

（一）活动规则

1. 课前准备。查找工艺流程图中的基本概念、简易示例等。
2. 课堂上分组绘制琢玉工艺简易流程图，要求涵盖所有工艺步骤及相应的操作要点。
3. 每组推选出一名同学，登台展示、讲解流程图。
4. 教师根据活动评价表，给各小组打分，评选出最优组。

（二）活动内容

1. 各组在下面方框里完成琢玉工艺简易流程图的绘制。

琢玉工艺简易流程图

2. 活动评价表如下。

活动评价表

组号：______________

序号	评分项目	分值	分数
1	顺利完成活动	20	
2	所有组员参与	10	
3	工艺步骤完整	20	
4	每个工艺步骤的操作要点明晰	20	
5	展示全面、清晰、生动	30	
合计			

学习任务二：举行带有“玉”字的成语限时接龙比赛

成语是中华传统文化的微缩“景观”，带“玉”字的成语，更是展示了我国独特的文化内涵。比如，“宁为玉碎，不为瓦全”，展现了崇高的民族气节；“化干戈为玉帛”，体现了追求团结与热爱和平的愿望；“金玉其外，败絮其中”，讽刺了华而不实、虚有其表的作风；“冰清玉洁”等，用来形容一个人的美好品格；“金声玉振”“咳珠唾玉”“谈霏玉屑”等，形容的是一个人学识渊博、文采出众、言辞美妙；“亭亭玉立”“小家碧玉”“如花似玉”等，则从不同角度描述了女子之美。你还能找到哪些带有“玉”字的成语呢？

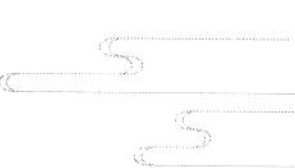

（一）活动规则

1. 全班同学分成 4 组。

2. 第一组搜集第一个字是“玉”的成语，第二组搜集第二个字是“玉”的成语，依此类推。各组在 10 分钟之内，尽可能多地搜集并记录成语。

3. 进行多轮成语接龙。每一轮成语接龙，各组派出一名同学参加，依次说出第一、二、三、四个字是“玉”的成语，所有同学均须参与。

4. 接不上龙的组自动淘汰，坚持至最后的一组获胜，并获得“喷珠吐玉之星”荣誉称号。

（二）活动内容

请在下面表格里记录搜集到的成语。

成语汇总表

组号	第______个字是“玉”的成语

三、妙笔生辉　墨润心田

请完成以下字帖描红。

淇奥

《诗经·卫风》

瞻彼淇奥，绿竹猗猗。有匪君子，如切如磋，如琢如磨。瑟兮僩兮，赫兮咺兮。有匪君子，终不可谖兮。

瞻彼淇奥，绿竹青青。有匪君子，充耳琇莹，会弁如星。瑟兮僩兮，赫兮咺兮。有匪君子，终不可谖兮。

瞻彼淇奥，绿竹如箦。有匪君子，如金如锡，如圭如璧。宽兮绰兮，猗重较兮。善戏谑兮，不为虐兮。

诲学说

［宋］欧阳修

玉不琢，不成器；人不学，不知道。然玉之为物，有不变之常德，虽不琢以为器，而犹不害为玉也。人之性，因物则迁，不学，则舍君子而为小人，可不念哉？

天工开物（节选）

凡玉初剖时，冶铁为圆盘，以盆水盛沙，足踏圆盘使转，添沙剖玉，逐忽划断。中国解玉沙出顺天玉田与真定、邢台两邑。其沙非出河中，有泉流出精粹如面，借以攻玉，永无耗折。既解之后，别施精巧功夫。得镔铁刀者，则为利器也。镔铁亦出西番哈密卫砺石中，剖之乃得。

处世之道

第五课　有志竟成

一、文润心田　书香同行

扫二维码，听朗诵录音；结合注释、作者生平和写作背景，体会诗文中蕴含的思想感情。

劝　学

［唐］颜真卿

三更[1]灯火五更[2]鸡[3]，正是男儿读书时。

黑发[4]不知勤学早，白首[5]方悔读书迟。

【注释】

1. 三更：古时一夜分为五更，三更是指夜间 11 点至凌晨 1 点。
2. 五更：第五更的时候，指凌晨 3 点至 5 点。
3. 鸡：指鸡打鸣。
4. 黑发：年轻时，指少年。
5. 白首：人老了，指老年。

【作者生平】

颜真卿（709—784），唐代大臣，书法家。字清臣，京兆万年（今陕西西安）人。开元年间（713—741）中进士，登甲科，曾 4 次被任命为监察御史，迁殿中侍御史。为人刚正不阿，为奸臣杨国忠所排斥，出任平原太守。安禄山叛乱，他联络从兄常山太守杲卿起兵抵抗，附近 17 郡响应，被推为盟主，使禄山不敢急攻潼关。官至吏部尚书、太子太师，封鲁郡公，人称“颜鲁公”。德宗建中三年（782）李希烈叛，陷汝州，卢杞奏请使颜真卿前往劝谕，持节不屈，为希烈缢死。有《颜鲁公文集》。

【写作背景】

《劝学》是颜真卿所写的一首七言古诗。颜真卿 3 岁丧父，家道中落，母亲殷氏对他寄予厚望，实行严格的家庭教育，亲自督学。颜真卿也格外勤奋好学，每日苦读。这首诗正是颜真卿为了勉励后人所作，劝勉年轻人要珍惜青春年华，发奋苦读，有所作为。

竹　石

［清］郑燮

咬定[1]青山不放松，立根[2]原在破岩[3]中。
千磨万击还坚劲[4]，任[5]尔东西南北风。

【注释】

1. 咬定：咬紧，指扎根于山石之中。
2. 立根：扎根。
3. 破岩：裂开的山岩，即岩石的缝隙。
4. 千磨万击还坚劲：历经无数的磨难和打击，仍然健壮挺拔。
5. 任：任凭，不管。

【作者生平】

略。

【写作背景】

这首诗是郑燮晚年之作，题在自己创作的竹石图上，既是一首题画诗，也是一首托物言志的咏物诗，借咏岩竹坚韧顽强的形象，赞美刚正不阿、顽强不屈的操守，其中亦融入了作者自身的人格。生活中的诗人也不畏权贵、正直刚强。诗人画竹、咏竹，所追求的并不仅是竹的风姿之美，他还在竹的形象中灌注了自己的价值追求和人格理想，从而使竹透露出一种意在言外的别饶风致和人格之美。

少年中国说（节选）

少年智则国智，少年富则国富；少年强则国强，少年独立则国独立；少年自由则国自由；少年进步则国进步；少年胜于欧洲，则国胜于欧洲；少年雄于地球，则国雄于地球。红日初升，其道大光。河[1]出伏流[2]，一泻汪洋。潜(qián)龙腾渊(yuān)，鳞(lín)爪(zhǎo)飞扬。乳虎[3]啸(xiào)谷，百兽震惶(huáng)。鹰隼(sǔn)[4]试翼(xī)，风尘翕张。奇花初胎，矞(yù)矞皇皇[5]。干(gān)将(jiāng)[6]发硎(xíng)[7]，有作其芒[8]。天戴其苍，地履(lǚ)其黄。[9]纵有千古，横有八荒[10]。前途似海，来日方长。美哉我少年中国，与天不老！壮哉我中国少年，与国无疆！

【注释】

1. 河：黄河。
2. 伏流：水流地下。《水经注》："河出昆山，伏流地中万三千里。"

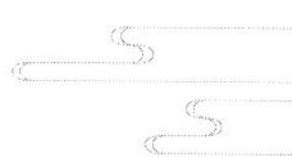

3. 乳虎：初生的老虎。

4. 鹰隼：指鹰类猛禽。隼，一种凶猛的鸟。

5. 矞矞皇皇：华美瑰丽，富丽堂皇。

6. 干将：古剑名，后泛指宝剑。

7. 发硎：刀刃新磨。硎，磨刀石。

8. 有作其芒：发出光芒。

9. 天戴其苍，地履其黄：头顶着苍天，脚踏着黄土大地。

10. 八荒：指东、南、西、北、东南、东北、西南、西北八个方向上极远的地方。《说苑·辨物》："八荒之内有四海，四海之内有九州。"

【作者生平】

梁启超（1873—1929），字卓如，号任公，别号饮冰室主人。中国思想家、学者，戊戌维新运动领袖之一。广东新会（今江门市新会区）人，光绪十五年（1889）中举人。师从康有为，接受了变法维新思想，成为康有为的得力助手。光绪二十四年（1898）入京，参与百日维新，以六品衔办京师大学堂、译书局。戊戌政变后逃亡日本，辛亥革命后担任北洋政府司法总长、财政总长。晚年在清华学校（今清华大学）讲学。著述涉及政治、经济、哲学、历史、宗教及文化艺术、文字音韵等，有《饮冰室合集》，今辑有《梁启超全集》。

【写作背景】

1898 年戊戌变法失败后，梁启超逃亡日本，创办了《清议报》（1902 年改名《新民丛报》）。《少年中国说》于光绪二十六年（1900）发表于《清议报》，是"振民气"之作。针对欧、日诸国污蔑中国为"老大帝国"，作者提出"有少年中国在"，希望打破古老中国死气沉沉的局面，希望中国恢复活力，希望青年一代能够创造一个繁荣富强、充满生气的"少年中国"。作者的爱国热情在字里行间充溢，笔下的墨水和身上的热血在一起沸腾，毫无掩饰地流泻到纸上，留下了这些灼人的文字。文中的"少年"这个词，含义相当于现代汉语中的"青少年"。

二、励志砺学　知行合一

请完成以下学习任务。

学习任务一：搜集并分享颜真卿、郑燮、梁启超立志报国的事迹

"修身、齐家、治国、平天下"是儒家学说的精髓所在。受此影响，我国历代知识分子中不乏有识之士，他们胸怀大志，以天下为己任，立志报效国家、造福百姓。

颜真卿，唐代名臣，"楷书四大家"之一，曾参与平定"安史之乱"、重振朝纪，一生忠诚正直，晚年被叛军所害。郑燮，清代著名书画家、文学家，“扬州八怪”之一，擅画兰、竹、石。他品性高洁，为官期间，心系百姓，清正廉明。梁启超，中国近代思想家、政治家、文学家，“戊戌变法”的主要领袖之一，长期为振兴中华而奋斗。他们为国为民的光辉事迹，代代相传，可歌可赞，尤其值得我们青年学习、铭记，并将他们的精神发扬光大。

（一）活动规则

1. 课前查找、整理资料。每名同学至少查找并记录一位人物的事迹。
2. 课堂上以 4~6 人为一小组，在组内分享自己搜集到的人物事迹。
3. 每组推选出一名同学在班上分享，并指出从人物事迹中得到哪些启发。
4. 教师根据活动评价表，给各小组打分，评选出最优组。

（二）活动内容

每名同学至少查找并记录一位人物的事迹。

人物姓名：______________________________

事迹一：______________________________

事迹二：______________________________

活动评价表

组号：____________

序号	评分项目	满分	分数
1	顺利完成活动	20	
2	所有组员参与	10	
3	资料齐备	10	
4	记录详细、有条理	10	
5	突出“立志报国”的主题	30	
6	讲述清晰明了，语言生动	20	
合计			

学习任务二：搜集中国古代关于“志向”的名言警句，并理解其含义

志向，指关于立身行事的意图和决心。在我国古代典籍中，有许多关于立志、守志不移的名言警句，如“志当存高远”，说的是人应当立下高远的志向；“立志不定，终不济事”，意思是志向不定，终究是不能成功的，强调做事要矢志不渝；“非淡泊无以明志”，突出的是实现远大志向的方式……千百年来，这些名言警句激励一代代中国人立志成才、矢志不渝。作为新时代青年学子的我们，更应从中汲取精神养分，为实现成为高技能人才的

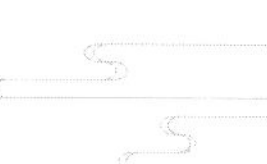

梦想不懈奋斗。

（一）活动规则

1. 课前搜集、整理资料。每名同学至少搜集 5 个关于“志向”的中国古代名言警句（教材中已经出现的除外），并理解其含义。

2. 课堂上以 4~6 人为一小组，在组内分享后汇总整理分享的结果。

3. 每组推选出一名同学在班上讲解。教师最后将各组分享的名言警句汇总整理。

4. 教师根据各组表现填写活动评价表，给各小组打分，评选出最优组。

（二）活动内容

根据课前资料搜集情况，完成下表填写。

名言警句汇总表

序号	名言警句	出处 / 作者	含义
1			
2			
3			
4			
5			
6			
7			

活动评价表

组号：____________

序号	评分项目	满分	分数
1	顺利完成活动	20	
2	所有组员参与	10	
3	资料齐备	10	
4	记录详细、有条理	10	
5	释义准确	30	
6	讲述清晰明了，语言生动	20	
合计			

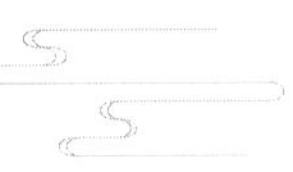

三、妙笔生辉　墨润心田

请完成以下字帖描红。

劝学

［唐］颜真卿

三更灯火五更鸡，

正是男儿读书时。

黑发不知勤学早，

白首方悔读书迟。

竹石

［清］郑燮

咬定青山不放松，

立根原在破岩中。

千磨万击还坚劲，

任尔东西南北风。

少年中国说（节选）

少年智则国智，少年富则国富；

少年强则国强，少年独立则国独立；

少年自由则国自由；少年进步则国进步；少年胜于欧洲，则国胜于欧洲；少年雄于地球，则国雄于地球。红日初升，其道大光。河出伏流，一泻汪洋。潜龙腾渊，鳞爪飞扬。乳虎啸谷，百兽震惶。鹰隼试翼，风尘翕张。奇花初胎，矞矞皇皇。干将发硎，有作其芒。天戴其苍，地履其黄。纵有千古，横有八荒。前途似海，来日方长。美哉我少年中国，与天不老！壮哉我中国少年，与国无疆！

第六课　行远自迩

一、文润心田　书香同行

扫二维码，听朗诵录音；结合注释、作者生平和写作背景，体会诗文中蕴含的思想感情。

老子·第六十四章（节选）

合抱[1]之木，生于毫末[2]；九层之台，起于累土[3]；千里之行，始于足下。

【注释】

1. 合抱：两臂围拢那么粗，形容树木粗大。
2. 末：极细微。指刚刚萌芽的小树。
3. 累土：一筐一筐土累积起来。

【作者生平】

老子，春秋时思想家，道家创始人。一说即老聃，姓李名耳，字聃。据《史记》记载，老子为楚国苦县（今河南鹿邑东）厉乡曲仁里人。做过周朝“守藏室之史”（管理藏书的史官），知识渊博，通晓古今，据说孔子也曾向他请教过有关礼仪的问题。后见周室日趋衰微，他厌恶世风日下，乃离开周室，骑牛西去，不知所终。相传《老子》为其所著。

【写作背景】

据说老子在出函谷关前著有 5 000 余言的《老子》一书，是道家的代表性作品。现在一般认为该书编定于战国中期，基本上保留了老子本人的重要思想。全书 5 000 余字，分上下篇，上篇为《道经》，下篇为《德经》，因而又被称为《道德经》。通行本《老子》，一般分为 81 章。

在本章中老子以比喻说理，深入浅出地告诉人们，事物的发展、事物向反面的转化，并不是一下子实现的，需要经历一个数量上不断积累的过程。当祸乱刚出现苗头的时候，比较容易消除；当坏事尚处在脆弱微小的阶段，比较容易处理。平时做好防微杜渐的工作，就能将祸乱消除在发生之前。这同时也启示我们，修身立德和治理国家，都要重视开端，从小处着手，从源头做起，重视日积月累。

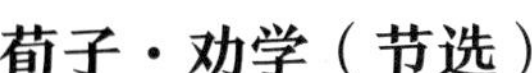

荀子·劝学（节选）

故不积跬（kuǐ）[1]步，无以[2]至千里；不积小流，无以成江海。骐骥（qí jì）[3]一跃，不能十步；驽（nú）马十驾[4]，功在不舍[5]。锲[6]而舍之，朽木不折；锲而不舍，金石可镂[7]。

【注释】

1. 跬：古代称跨出一脚为“跬”，跨两脚为“步”。
2. 无以：没有用来……的（办法）。
3. 骐骥：骏马。
4. 驽马十驾：劣马拉车连走 10 天（也能到达）。驽马，劣马。驾，马拉车一天所走的路程。
5. 功在不舍：（它的）成绩来源于走个不停。舍，停。
6. 锲：刻。
7. 镂：雕刻。

【作者生平】

荀子（约前 313—前 238）。战国末期思想家、教育家。名况，字卿，赵国人。据说荀子年 15 岁游学于齐国稷下。因齐败于燕，稷下先生分散各国，他也离齐去楚。齐襄王时重回稷下，并 3 次任稷下学宫的最高学官“祭酒”。他曾西入秦，与秦相讨论秦国的短长。他还游历赵国，与楚将临武君在赵孝成王前辩论军事问题。由于遭受谗言，他最终离开齐国，来到楚国。受楚相春申君的委任，任兰陵令。春申君被杀后，荀子的兰陵令一职被废。他也就滞留于兰陵至终老。韩非、李斯皆其学生。批判和总结了先秦诸子的学术思想，达到先秦哲学的高峰。著有《荀子》。

【写作背景】

《荀子·劝学》为《荀子》开篇之作，主旨在劝勉人努力学习。它使用了大量比喻，说明后天努力和学习的重要性，指出学习贵在锲而不舍、长期积累，用心专一、无所旁顾，特别强调学习之根本目的是为了积善成德，培养道德操守，涵育君子人格。本课节选部分，特别强调专心致志和一点一滴积累在学习中的作用。

曾国藩家书（节选）

年无[1]分老少，事无分难易，但行之有恒，自如种树畜养[2]，日[3]见其大而不觉耳[4]。

【注释】

1. 无：不。

2. 畜养：饲养动物。

3. 日：每天。

4. 耳：罢了。

【作者生平】

曾国藩（1811—1872），字伯涵，号涤生，湖南湘乡白杨坪（今属双峰）人。道光十八年（1838）中进士，入翰林院。累迁内阁学士，礼部侍郎，署兵、工、刑、吏部侍郎。咸丰二年底以在籍侍郎身份在湖南办团练，旋扩编为湘军，对抗太平天国。1864 年 7 月攻陷天京。次年奉命督办直隶（今河北）、山东、河南三省军务，镇压捻军，后战败回两江总督任。与李鸿章创办上海江南机器制造总局等近代军事工业，奏请派遣幼童留学美国。1868 年授武英殿大学士，调任直隶总督。1870 年查办天津教案，惩办民众，对外妥协，受到舆论谴责，回任两江总督。病死南京。有《曾文正公全集》。

【写作背景】

《曾国藩家书》是清道光三十年（1850）到同治十年（1871）前后，20 余年间曾国藩与他的亲人之间的书信集，所涉及的范围极为广泛，既是曾国藩一生之中主要活动的记录，涵盖了他在翰林院和从武生涯的大部分时光，也是他对于修身、为学、为政、交友、治家、用人、理财深入思考过的生动反映。

曾国藩的家书有写给祖父母、父辈的，也有写给兄弟及儿辈的。因所寄对象都是家人、亲戚，因此行文从容淡定，自由率真，随意放松。在看似平常的家长里短中，蕴含着他的真知灼见和人生体会，字字真情，具有极强的说服力和感染力。

本课节选的是曾国藩一封家书中的一个警句，特别指出“年无分老少，事无分难易”，只要持之以恒，就会有持续不断的进步。这种把有无恒心作为学习有无成就的关键的教子理论，无疑是完全正确的。

二、励志砺学　知行合一

请完成以下学习任务。

学习任务一：以“行远自迩”为主题，举办讲故事比赛

如何学习和做事？睿智的古人已经给我们指明了方向。譬如，《中庸》中的“行远必自迩”，《老子》中的“千里之行，始于足下”，说的都是学习、做事固然应当树立远大的目标，但更应从眼前的细节着手，脚踏实地、循序渐进，切忌好高骛远；《荀子》中的“锲而不舍，金石可镂”，强调的是不断积累和坚持不懈的作用。因此，作为青少年学子，我们唯有志存高远，一步一个脚印，持之以恒，方能成功。历史上，许多名人故事、文学典故都昭示着这样的真理，诸如“铁杵磨成针”“一屋不扫，何以扫天下”“勿以恶小而为之，勿

以善小而不为”等。你能把这些典故详细讲给同学们听吗?

（一）活动规则

1. 各组搜集关于“行远自迩”的故事。
2. 课堂上各组组员分享资料，共同完成活动内容表填写。
3. 每组推选出一名学生，在班上讲述故事。
4. 教师根据讲述情况完成活动评价表，给各小组打分，评选出最优组。

（二）活动内容

1. 各组搜集资料，并填写下面的表格。

活动内容表

序号	故事名称	故事简述（不少于 200 字）

2. 活动评价表如下。

活动评价表

组号：____________

序号	评分项目	满分	分数
1	顺利完成活动	20	
2	所有组员参与	10	
3	活动内容表填写完整	20	
4	突出“积累”“坚持”“从小处着手”	20	
5	讲述完整、清晰、生动	30	
合计			

学习任务二：制作“小技能·大提升”计划书

“不积跬步，无以至千里”，说的是不去走每一小步，就无法到达千里之外。同样，远大理想的实现，需要先实现一个又一个细小的目标。作为技工院校的学子，我们如何才能实现成为高技能人才的梦想？这就需要我们在学习中，完成一个个看起来微不足道的任务，于潜移默化中不断提升技能，日积月累，自然会水到渠成。每完成一次制图工作、一个版式设计、一次葫芦烙画烫熨、一次发式修剪、一个舞蹈动作、一张静物素描……我们就会发现：总目标越来越近、越来越清晰。

（一）活动规则

1. 每位同学结合具体专业，选定一个近期专业课上会完成的技能任务。
2. 完成“小技能·大提升”计划书的制作。
3. 课后依照计划书，完成该技能任务，并保留相关实物、照片或视频，以备查验。
4. 教师根据技能任务完成情况给每位同学打分并评选出一、二、三等奖。

（二）活动内容

“小技能·大提升”计划书

1. 技能任务名称：________________________________

2. 实现技能任务的详细步骤：

（1）________________________________

（2）________________________________

(3)____

(4)____

3. 预期达到的目标描述：

____

____

____

活动评价表

组号：__________

姓名：__________

序号	评分项目	满分	分数
1	顺利完成活动	30	
2	所选技能任务切合实际，具有较强的可操作性	20	
3	计划书填写完整	10	
4	计划书中，步骤详细，能体现出“积累”“坚持”“从小处着手”	20	
5	课后能够完成技能任务并进行展示	20	
合计			

三、妙笔生辉　墨润心田

请完成以下字帖描红。

老子·第六十四章（节选）

合抱之木，生于毫末；九层之台，起于累土；千里之行，始于足下。

荀子·劝学（节选）

故不积跬步，无以至千里；不积小流，无以成江海。骐骥一跃，不能十步；驽马十驾，功在不舍。锲而舍之，朽木不折；锲而不舍，金石可镂。

曾国藩家书（节选）

年无分老少，事无分难易，但行之有恒，自如种树畜养，日见其大而不觉耳。

第七课　家国情怀

一、文润心田　书香同行

扫二维码，听朗诵录音；结合注释、作者生平和写作背景，体会诗文中蕴含的思想感情。

病起[1]书怀

［宋］陆游

病骨[2]支离[3]纱帽宽，孤臣[4]万里客江干[5]。
位卑未敢忘忧国，事定犹须待阖(hé)棺[6]。
天地神灵扶庙社[7]，京华[8]父老望和銮(luán)[9]。
出师一表[10]通今古，夜半挑灯更细看。

【注释】

1. 病起：病愈。
2. 病骨：指多病瘦削的身躯。
3. 支离：憔悴，衰疲。
4. 孤臣：孤立无助或不受重用的远臣。
5. 江干：江边，江岸。
6. 阖棺：指死亡，诗中意指“盖棺定论”。
7. 庙社：宗庙和社稷，以喻国家。
8. 京华：京城之美称。因京城是文物、人才汇集之地，故称。
9. 和銮：同“和鸾”，古代车上的铃铛。挂在车前横木上称“和”，挂在轭首或车架上称“銮”。诗中代指“君主御驾亲征，收复祖国河山”的美好景象。
10. 出师一表：指三国时期诸葛亮所作《出师表》。

【作者生平】

陆游（1125—1210），南宋诗人。字务观，号放翁，越州山阴（今浙江绍兴）人。生于北宋灭亡之际，幼年随父避金军南逃，历尽艰辛。29 岁参加锁厅试为第一，次年参加礼部

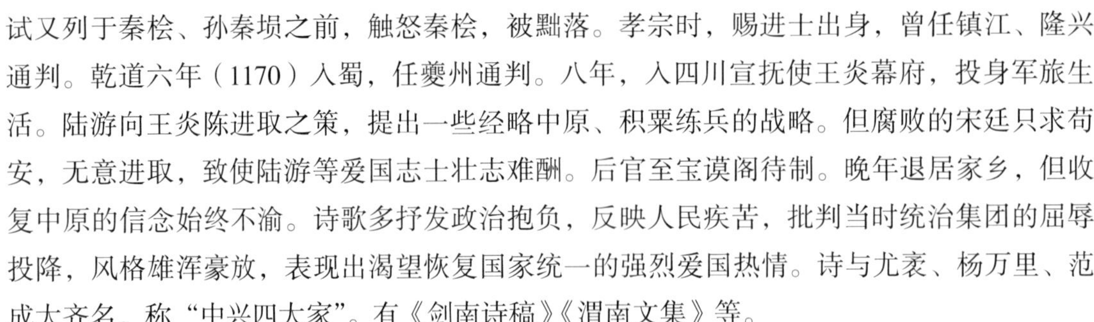
试又列于秦桧、孙秦埙之前，触怒秦桧，被黜落。孝宗时，赐进士出身，曾任镇江、隆兴通判。乾道六年（1170）入蜀，任夔州通判。八年，入四川宣抚使王炎幕府，投身军旅生活。陆游向王炎陈进取之策，提出一些经略中原、积粟练兵的战略。但腐败的宋廷只求苟安，无意进取，致使陆游等爱国志士壮志难酬。后官至宝谟阁待制。晚年退居家乡，但收复中原的信念始终不渝。诗歌多抒发政治抱负，反映人民疾苦，批判当时统治集团的屈辱投降，风格雄浑豪放，表现出渴望恢复国家统一的强烈爱国热情。诗与尤袤、杨万里、范成大齐名，称“中兴四大家”。有《剑南诗稿》《渭南文集》等。

【写作背景】

《病起书怀》作于宋孝宗淳熙三年（1176）4月，陆游时年52岁，被免官后病了20多天，移居成都城西南的浣花村。病愈之后仍为国担忧，为了表现要效法诸葛亮北伐，统一中国的决心，挑灯夜读《出师表》，挥笔泼墨，写下此诗。全诗贯穿了诗人忧国忧民的爱国情怀。“位卑未敢忘忧国”一句传诵于世，这句诗是诗人内心的真实写照，也道出了历代爱国志士的心声。

咏煤炭

［明］于谦

凿开混沌(hùn dùn)[1]得乌金[2]，藏蓄(xù)阳和[3]意最深[4]。

爝(jué)火[5]燃回春浩浩[6]，洪炉[7]照破夜沉沉[8]。

鼎彝(dǐng yí)[9]元[10]赖生成力[11]，铁石[12]犹[13]存死后心[14]。

但[15]愿[16]苍生[17]俱[18]饱暖，不辞辛苦出山林。

【注释】

1. 混沌：古代传说中天地开辟前元气未分、模糊一团的状态。这里指大地。

2. 乌金：指煤炭。

3. 阳和：原指和暖的阳光，此指煤炭的热力。

4. 意最深：为拟人手法，此处形容有无穷的热量。

5. 爝火：小火把。

6. 春浩浩：形容春光浩荡，一片温暖。这里是说煤炭燃烧送来温暖，仿佛春阳回归，普照大地。浩浩，本义是形容水势大，这里引申为广大。

7. 洪炉：大火炉。

8. 夜沉沉：形容黑夜昏暗。

9. 鼎彝：原是古代饮食器具的名称，后来专指帝王宗庙的祭器。此指人类生活。鼎，

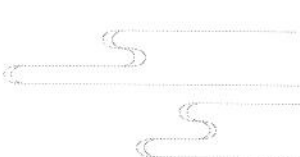

古代的食具。彝，古代盛酒器。

10. 元：同“原”，本来。

11. 生成力：指煤炭燃烧生成的力量。

12. 铁石：古人以为铁石蕴藏在地下可以变成煤炭。

13. 犹：还。

14. 死后心：指铁石被地气消融后又变成煤炭。

15. 但：只。

16. 愿：希望。

17. 苍生：百姓。

18. 俱：都。

【作者生平】

于谦（1398—1457），明代大臣、军事家。字廷益，浙江钱塘（今杭州）人。永乐十九年（1421）进士。宣德初授御史，宣德三年（1428）巡按江西。五年，为兵部右侍郎，巡抚山西、河南。曾严惩贪污，平反冤狱，赈济灾荒，深得民心。正统十四年（1449），瓦剌太师也先率军大举南下，明英宗在王振挟持下亲征，在土木堡（今河北怀来东南）大败被俘，京师震动。于谦力斥南迁之议，主张坚守北京，被任为兵部尚书。9 月，拥立景帝，调集重兵，在北京城外击退瓦剌军。次年和议成，英宗被释还。他献安边三策，改革军制，首创团营建制，选拔精兵，分营集中团操，军势日盛。景泰八年（1457）英宗复辟，于谦遭石亨等诬陷以谋逆罪被杀。籍没时家无余资。成化初追复原官，万历间谥忠肃。有《于忠肃集》。

【写作背景】

此诗是托物言志之作，借煤炭的燃烧来表达自己忧国忧民的思想和甘愿为国为民出力献身的高风亮节。首二句写煤炭所蕴藏的能量，亦指人的才智；中四句写煤炭对人类的贡献，亦即作者立身处世的宗旨；末二句写煤炭的志向，亦即作者的抱负。本诗运用比兴手法，明写煤炭，实喻自己。以煤炭自拟，在古诗词中不多见，令人耳目一新。

就义诗

［明］杨继盛

浩气[1]还[2]太虚[3]，丹心[4]照千古。

生平[5]未报国，留作忠魂补[6]。

【注释】

1. 浩气：正气。
2. 还：回归。
3. 太虚：宇宙。
4. 丹心：红心，忠诚的心。
5. 生平：一辈子，一生。
6. 补：弥补。

【作者生平】

杨继盛（1516—1555），明代著名谏臣。保定容城（今属河北）人，字仲芳，号椒山。嘉靖二十六年（1547）进士。任兵部员外郎。坚决主张抗击北方鞑靼的入侵，反对妥协误国。因上疏朝廷，弹劾大将军仇鸾误国，贬狄道典史。后鞑靼入侵，仇鸾勾结鞑靼的事情败露，杨再被起用，任兵部武选司员外郎。又劾严嵩五奸十大罪，下狱3年，受尽酷刑，最终被害。有《杨忠愍集》。

【写作背景】

嘉靖三十一年（1552），杨继盛冒死上疏弹劾严嵩五奸十大罪，指严嵩为“天下之第一大贼”。严嵩罗织罪名，诬陷杨继盛，致其下狱。嘉靖三十四年，严嵩把他的名字偷偷添加在死刑犯名单的末尾，将他杀害。这首诗是杨继盛临刑前所作，原本无题。诗集中体现了他从容赴刑，一生无愧的坦荡胸怀和丹心一片，至死报国的耿耿忠心，激昂慷慨，正气凛然，感人至深。杨继盛舍生取义的高尚精神和气节，感动了京城百姓。在押解他去会审的途中，观者盈道，人们为之叹息流泪。杨继盛就义后，天下百姓纷纷传诵他的事迹。

赴戍（shù）[1]登程[2]口占[3]示家人（节选）

力微任重久神疲，再竭（jié）衰（shuāi）庸（yōng）[4]定不支[5]。

苟利国家生死以[6]，岂因祸福避趋（qū）之[7]。

【注释】

1. 赴戍：道光二十二年（1842），林则徐由西安启程赴戍所伊犁。
2. 登程：出发。
3. 口占：不起草稿，随口吟成诗篇。
4. 衰庸：指衰老的身体和平庸之才，这里是自谦之辞。
5. 不支：不能支撑。

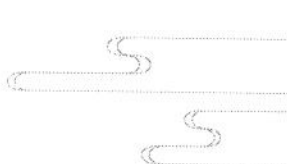

6. 苟利国家生死以：郑国大夫子产改革军赋，受到时人的诽谤，子产曰：“苟利社稷，死生以之。”本句表达了为了国家利益，甘愿献出个人一切的精神。苟，如果。生死以，将生死置之度外。以，付与。

7. 岂因祸福避趋之：怎能见祸就躲，见福便迎呢！

【作者生平】

林则徐（1785—1850），清末政治家。字元抚，福建侯官人。嘉庆九年（1804）中举，十六年（1811）中进士，选庶吉士。曾与龚自珍、魏源、黄爵滋等人提倡经世之学。道光十八年（1838）在湖广总督任内，严厉禁烟，成效卓著。12月受命为钦差大臣，前往广东查禁鸦片。次年3月抵广州，与两广总督邓廷桢协力查办烟贩，严令英、美烟贩缴出鸦片237万多斤，在虎门海滩当众销毁；积极筹备海防，屡次打退英军挑衅。1840年1月任两广总督。6月鸦片战争爆发后，严密设防，使英军在粤无法得逞。林则徐是抵抗西方侵略的爱国政治家。史学界称之为近代中国“开眼看世界的第一人”。

【写作背景】

1840年发生鸦片战争，英国用兵舰大炮轰开了古老中国的大门，清朝道光皇帝吓破了胆，匆忙割地赔款，签订不平等条约，并将坚决禁烟、抗击英军的林则徐贬戍新疆伊犁。道光二十二年（1842）8月，林则徐自西安启程赴伊犁，临行前作此诗留别家人。

二、励志砺学　知行合一

请完成以下学习任务。

学习任务一：感受先贤“天下兴亡，匹夫有责”的家国情怀

南宋名臣文天祥，在抵御元军的战斗中被俘。为了利用其影响力稳定局势，元世祖忽必烈许以丞相之位诱劝文天祥投降，文天祥严词拒绝，写下了“人生自古谁无死？留取丹心照汗青”的千古名句后慷慨就义。清末爱国志士林则徐看到大量鸦片流入中国，百姓吸食鸦片身体垮败，国家白银严重外流，他万分痛心。1839年6月3日至25日，林则徐亲自到虎门海滩主持销毁收缴的鸦片，以自己的赤诚之心和爱国之举，维护了中华民族的尊严。

天下兴亡，匹夫有责。报效祖国是中华民族的传统美德，振兴中华是青年人应肩负起的历史重任。千百年来中华民族历经了太多的苦难，但我们的人民没有屈服，从不退缩，顽强拼搏，艰苦奋斗，为国家发展尽职尽责，为民族复兴贡献力量。青年是国家的希望，民族的未来，在新时代，青年学生要以实现中国梦为己任，以实际行动践行爱国主义精神，为促进国家发展勤学苦练、积蓄力量，为实现民族振兴担当作为、不懈奋斗。

（一）活动规则

1. 课前查阅资料，收集体现“天下兴亡，匹夫有责”的故事，思考每个故事蕴含的道理及现实意义。

2. 课堂上以 4~6 人为一小组，各小组成员对本组收集的故事进行讨论，并评选出优秀的故事参与班级分享。

3. 每组推选一位代表在班上进行成果分享。

4. 小组分享完毕，老师根据小组分享成果的数量及质量完成活动评价表，评出前三名给予奖励。

（二）活动内容

每名同学至少收集并记录一则故事。

故事收集表

序号	故事人物	故事内容	道理及现实意义
1			
2			
3			

活动评价表

组号：____________

序号	评分项目	满分	分数
1	顺利完成活动	20	
2	所有组员参与	10	
3	资料齐备	10	
4	记录详细、有条理	10	
5	突出“国家兴亡，匹夫有责”的主题	30	
6	讲述清晰明了，语言生动	20	
合计			

学习任务二：讲述爱国故事，培养爱国情操

爱国，是人世间最深层、最持久的情感，是一个人立德之源、立功之本。孙中山先生说，做人最大的事情，“就是要知道怎么样爱国”。做人要有气节、要有人格。气节也好，人格也好，爱国是第一位的。

新的时代赋予了我们青年学生新的使命和担当。作为青年学生，要了解中华民族历史，传承中华民族优良传统，树立报国之志，增强民族自信，把个人的事业理想和国家发展相结合，让青春在为国家、为人民的不懈奋斗中绽放绚丽之花。

“家是最小国，国是千万家。”家庭的前途命运同国家和民族的前途命运紧密相连。中华民族自古以来就重视家庭、重视亲情，中华儿女也将“知道怎么样爱国”作为做人最大的事情。作为新时代的青年，我们应该如何践行爱国情怀呢?

（一）活动规则

1. 个人独立思考，讲讲你所了解的爱国故事。

2. 课堂上 4~6 人一组，组内进行讨论，完成表格。

3. 每组同学在小组内进行分享，选出优秀代表，在班级内分享。

4. 小组分享完毕，老师根据小组分享内容的数量及质量完成活动评价表，评出前三名给予奖励。

（二）活动内容

每名同学至少收集并记录一则故事。

故事汇总表

序号	爱国故事	内容摘要	故事表达了什么？我们该如何去做？
1			
2			
3			

活动评价表

组号：____________

序号	评分项目	满分	分数
1	顺利完成活动	20	
2	所有组员参与	10	
3	记录详细、有条理	10	
4	对爱国故事理解正确、深刻	20	
5	爱国行为符合身份、务实向上	20	
6	讲述清晰明了，语言生动	20	
合计			

三、妙笔生辉　墨润心田

请完成以下字帖描红。

病起书怀

［宋］陆游

病骨支离纱帽宽，
孤臣万里客江干。
位卑未敢忘忧国，
事定犹须待阖棺。
天地神灵扶庙社，
京华父老望和銮。
出师一表通今古，
夜半挑灯更细看。

咏煤炭

［明］于谦

凿开混沌得乌金，
藏蓄阳和意最深。
爝火燃回春浩浩，
洪炉照破夜沉沉。
鼎彝元赖生成力，
铁石犹存死后心。
但愿苍生俱饱暖，
不辞辛苦出山林。

就义诗

［明］杨继盛

浩气还太虚，丹心照千古。
生平未报国，留作忠魂补。

赴戍登程口占示家人（节选）
力微任重久神疲，
再竭衰庸定不支。
苟利国家生死以，
岂因祸福避趋之。

第八课　善始善终

一、文润心田　书香同行

扫二维码，听朗诵录音；结合注释、作者生平和写作背景，体会诗文中蕴含的思想感情。

老子·第六十四章（节选）

民之从事[1]，常于几[2]成而败之。慎终如始[3]，则无败事。是以[4]圣人欲不欲[5]，不贵[6]难得之货[7]；学不学[8]，复[9]众人之所过。以辅[10]万物之自然[11]而不敢为。

【注释】

1. 从事：行事。

2. 几：将近。

3. 慎终如始：在结束时就像开始时一样慎重。慎，慎重，谨慎。

4. 是以：以是，因此。

5. 欲不欲：追求他人所不追求的东西。欲，想要，追求。

6. 贵：崇尚，重视，以……为宝贵。

7. 难得之货：指珠玉宝器等不容易得到的珍贵之物。货，财物，金钱、珠玉、布帛等的总称。

8. 学不学：学习他人所不学习的。

9. 复：补救，挽救。

10. 辅：辅助，协助。

11. 自然：自由发展，不经人力干预。

【作者生平】

略。

【写作背景】

在本课所节选的部分中，老子认为，做事要持之以恒，尤其是在事情快要成功之时，要更加谨慎，不能懈怠。如果缺乏韧性，不能保持初始时的热情，定当失败无疑。“于几

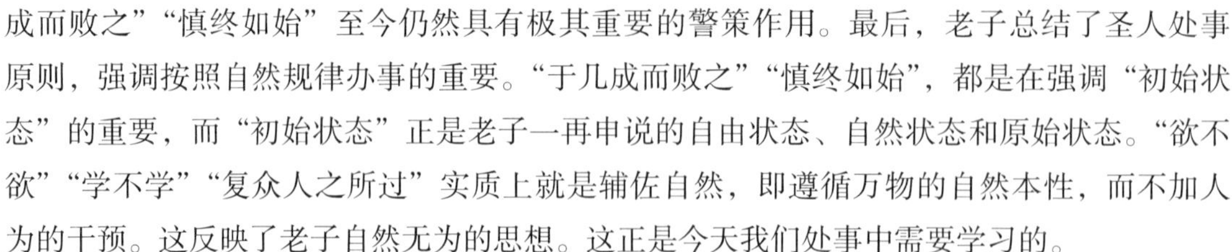
成而败之”“慎终如始”至今仍然具有极其重要的警策作用。最后，老子总结了圣人处事原则，强调按照自然规律办事的重要。“于几成而败之”“慎终如始”，都是在强调“初始状态”的重要，而“初始状态”正是老子一再申说的自由状态、自然状态和原始状态。“欲不欲”“学不学”“复众人之所过”实质上就是辅佐自然，即遵循万物的自然本性，而不加人为的干预。这反映了老子自然无为的思想。这正是今天我们处事中需要学习的。

论语·子罕（节选）

子[1]曰：“譬(pì)如[2]为山[3]，未成一篑(kuì)[4]，止，吾止也；譬如平地，虽覆(fù)[5]一篑，进，吾往[6]也。”

【注释】

1. 子：孔子。
2. 譬如：比如。譬，比喻，比如。
3. 为山：造山，堆土成山。
4. 未成一篑：差一筐土没有完成。这是古时常用的比喻，用以说明持之以恒的努力才是成功的决定条件。篑，盛土的竹筐。
5. 覆：倒，倒出。
6. 往：前进。

【作者生平】

孔子（前551—前479），春秋末期思想家、政治家、教育家，儒家的创始者。名丘，字仲尼，鲁国陬邑（今山东曲阜东南）人。鲁襄公二十二年生。先世是宋国贵族。3岁丧父，家道中落，及长，做过“委吏”（司会计）和“乘田”（管畜牧）等事。因“少好礼”，自幼受传统礼制的熏陶，青年时便以广博的礼乐知识闻名于鲁，从事儒者之业，以替富贵者办理丧祭赞礼为生。中年时，创办私学并从事政治活动。年50，由鲁国中都宰升任司寇，摄行相职，不久即弃官离鲁，率弟子周游宋、卫、陈、蔡、齐、楚等国，广泛宣传自己的思想学说，但终不见用。68岁时返鲁，致力教育事业，整理《诗经》《尚书》等古代典籍，删修《春秋》。相传有弟子3 000，著名者70余人。孔子的思想学说主要汇集在《论语》中。

【写作背景】

《论语》是儒家经典，是孔子弟子及其再传弟子关于孔子言行的记录。今本《论语》共20篇，内容涉及孔子谈话、答弟子问及弟子间的讨论，为研究孔子思想的主要资料。《论语·子罕》篇共包括31章，涉及孔子的道德教育思想、孔子弟子对其师的议论，还记述了

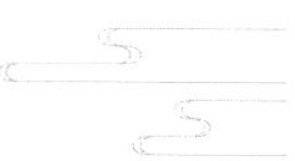

孔子的某些活动。此节选语录，以比喻说理，告诉人们坚持到底就是胜利。人在奋斗的过程中，由于条件有限，必然困难重重，也会存在种种干扰。这些困难、干扰就像一座座山，横亘在我们前进的道路上。成功者在身处逆境的时候，不是被困难吓倒，选择退却，而是迎难而上，以顽强的毅力，泰然接受挫折的洗礼，再攀登成功的顶峰。

礼记·中庸（节选）

子曰："……君子遵[1]道[2]而行[3]，半途而废，吾弗(fú)[4]能已[5]矣。"

【注释】

1. 遵：依从，按照。
2. 道：方法，这里指中庸之道。
3. 行：做，办，从事。
4. 弗：不。
5. 已：停止。

【作者生平】

子思（前483—前402），战国初儒家学者。姓孔，名伋，字子思，孔鲤之子，孔子之孙。鲁国陬邑（今山东曲阜）人。相传曾受业于曾子。《中庸》大部分为子思所著。子思十分强调儒家的道德观念"诚"。他认为"诚者，物之终始。不诚无物"（《中庸》）。"中庸"是其学说的核心。孟子曾受业于他的门人，将其学说加以发挥，形成了思孟学派。《汉书·艺文志》著录《子思》23篇，已佚。现存《礼记》中的《中庸》《表记》《坊记》等，相传是他的著作。

【写作背景】

《中庸》本为《礼记》中的一篇，相传为子思及其门人所著。"中庸"属于中国古代哲学的范畴。中，有中正、中和、不偏不倚等意；庸，有平常、常道等意。"中庸"一词最先由孔子提出："中庸之为德也，其至矣乎！"中庸的基本原则是"允执其中"，要求把握适当的限度，以保持事物的平衡、使人的言行合于既定的道德标准。子思及其门人认为，人们在践行道德之时，往往智者贤者"过之"，愚者"不及"，致使正道不行，主张用中庸纠正极端倾向，以维护正道。到了宋代，理学家们强调"中庸"，把"允执其中"视为"道统"的核心。南宋的朱熹将《中庸》从《礼记》中抽出，与《大学》《论语》《孟子》合为"四书"，对后世产生了巨大影响。

二、励志砺学　知行合一

请完成以下学习任务。

学习任务一：积累“善始善终”名言

毛泽东在湖南省第一师范读书期间，曾写过这样一副对联用以自勉：“贵有恒，何必三更起五更睡；最无益，只怕一日曝十日寒。”这副对联虽然寥寥数语，却表明毛泽东十分注重科学的学习方法和持之以恒的学习态度。整个对联强调一个“恒”字，既反对不顾身体健康的苦熬苦学，又反对一曝十寒的忽冷忽热。你还知道哪些关于“善始善终”“坚持不懈”“持之以恒”的名言警句呢？一起来分享吧！

（一）活动规则

1. 课前收集与“善始善终”“坚持不懈”“持之以恒”有关的名言警句，并了解句子的出处和作者。

2. 课上以 4~6 人为一小组，进行小组内名言警句比赛：每人轮流说出一句与“善始善终”“坚持不懈”“持之以恒”相关的名言警句，说不出来者即淘汰，每组决出一位冠军，进入班级比赛。

3. 班级比赛规则同上，最后选出第一、二、三名，给予奖励。

（二）活动内容

在班级比赛过程中，其他同学注意收集选手所说的名言警句，记录在下表中进行积累，每人至少写 5 句。

与“善始善终”“坚持不懈”“持之以恒”相关的名言警句

序号	名言警句	作者	出处
1			
2			
3			
4			
5			

学习任务二：讲述“善始善终”故事

持之以恒，才能善始善终。历史上有很多通过长久不懈的努力而取得成功的例子：司马迁在遭受酷刑的情况下，仍然坚持用十几年写成中国第一部纪传体通史《史记》，对后世史学和文学的发展都产生了深远影响；李冰父子耗时耗力修筑的都江堰水利工程，因设计巧妙完备，至今发挥着防洪、灌溉和运输等多种功用。想成就一番事业，必须有一颗持之以恒的心。作为新时代的青年，我们应该更多地了解关于“善始善终”的故事，培养自己

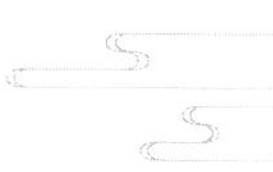

坚韧不拔的意志。

（一）活动规则

1. 课前收集反映“善始善终”的名人名事。

2. 课上以 4~6 人为一小组，每人在组内分享一则自己收集到的名人名事，用自己的话清晰、简练地讲述。

3. 每组选出一位讲得最好的同学，在全班进行分享，其他同学认真倾听，写出自己的感受。

（二）活动内容

各组代表在班上分享的过程中，其他同学注意倾听，分享结束后选择自己印象最深的一个故事，将自己的感想写在下面的方框内。

我印象最深的故事：________________

我的感受：________________

三、妙笔生辉　墨润心田

请完成以下字帖描红。

老子·第六十四章（节选）

民之从事，常于几成而败之。慎终如始，则无败事。是以圣人欲不欲，不贵难得之货；学不学，复众人之所过。以辅万物之自然而不敢为。

论语·子罕（节选）

子曰：“譬如为山，未成一篑，止，吾止也；譬如平地，虽覆一篑，进，吾往也。”

礼记·中庸（节选）

子曰：“……君子遵道而行，半途而废，吾弗能已矣。”

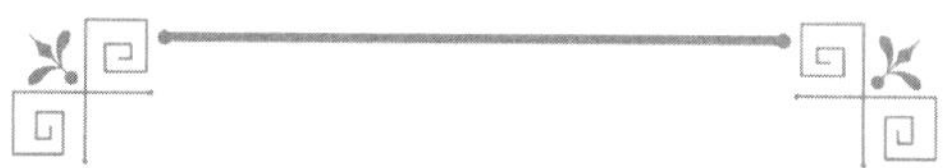

哲人之思

第九课　仁者爱人

一、文润心田　书香同行

扫二维码，听朗诵录音；结合注释、作者生平和写作背景，体会诗文中蕴含的思想感情。

孟子·离娄下（节选）

孟子曰："君子所以异于人者，以其存心[1]也。君子以仁存心，以礼存心。仁者爱人，有礼者敬人。爱人者人恒爱之，敬人者人恒敬之。有人于此，其待我以横(hèng)逆[2]，则君子必自反[3]也：'我必不仁也，必无礼也，此物[4]奚宜[5]至哉？'其自反而仁矣，自反而有礼矣，其横逆由[6]是也，君子必自反也：'我必不忠。'自反而忠矣，其横逆由是也，君子曰：'此亦妄人[7]也已矣。如此则与禽兽奚择[8]哉？于禽兽又何难[9]焉？'是故，君子有终身之忧，无一朝之患也。"

【注释】

1. 存心：指仁爱、礼义存于心。
2. 横逆：蛮横，不讲理。
3. 自反：自我反省。
4. 此物：指上文所说的"横逆"的态度。
5. 奚宜：怎么会。
6. 由：同"犹"。
7. 妄人：无知妄为之人。
8. 择：区别，不同。
9. 何难：有什么可计较、责难的。难，计较，责难。

【作者生平】

孟子（约前 372—前 289）。战国中期思想家、政治家、教育家。名轲，字子舆，邹（今山东邹城东南）人。儒家的主要代表之一。幼年丧父，家庭困顿，受业于子思的门人。

学成之后，收徒讲学，游说诸侯，历游齐、宋、滕、魏等国，一度任齐宣王客卿。因主张不见用，晚年与弟子万章等著书立说。孟子把孔子“仁”的观念发展为“仁政”学说，主张以德服人的“王道”，反对以力服人的“霸道”。提出民贵君轻说，对后世儒学产生重大影响，被尊为“亚圣”。

【写作背景】

《孟子》是孟子与其弟子万章、公孙丑等共同编纂而成，主要记录孟子的言行和政治学说，约成书于战国中期。《孟子》全书现存7篇，体裁与《论语》大致相似。每篇分上下，以开头文字作篇名。《孟子》一书作为孟子主要言行的汇编，集中反映了他作为先秦儒家主要代表的基本思想，是中国思想史和儒学史上重要的典籍，在历史上有极大的影响。《孟子·离娄下》内容涉及政治、历史、教育和个人立身处世等诸多方面，全篇共33章。本课节选的片段，内容主要是论述君子的修养。在孟子看来，君子为人处世离不开仁和礼。仁是对人内在道德修养的要求，礼是对人外在行为规范的要求，仁和礼共同构成了儒家伦理道德的核心。因此，在人际交往中要宽容他人，多反思自己。

孟子·梁惠王上（节选）

孟子对曰：“地方百里[1]而可以王[2]。王如施仁政于民，省[3]刑罚，薄[4]税敛[5]，深耕易耨（nòu）[6]，壮者以暇（xiá）日修[7]其孝悌忠信，入[8]以事其父兄，出[9]以事其长上，可使制[10]梃（tǐng）[11]以挞（tà）[12]秦楚之坚甲利兵矣。彼夺其民时[13]，使不得耕耨以养其父母，父母冻饿，兄弟妻子离散。彼[14]陷溺[15]其民，王往而征之，夫谁与王敌？故曰：‘仁者无敌。’王请勿疑！”

【注释】

1. 地方百里：意为“方圆百里的土地”，即纵横各一百里的小国。方，方圆，周围。
2. 王：称王，统治天下。
3. 省：减免。
4. 薄：减轻。
5. 税敛：赋税。
6. 易耨：及时除草。易，疾速。
7. 修：研究，学习。
8. 入：在家。
9. 出：在外。
10. 制：同“掣”，拽，拉，拿起来。
11. 梃：木棒。

12. 挞：用棍棒或鞭子打人。这里指讨伐。
13. 民时：农时。
14. 彼：他们（秦国、楚国的统治者）。
15. 陷溺：使人处于水深火热中，陷害人。

【作者生平】

略。

【写作背景】

《孟子·梁惠王上》共7章，除第六章与梁襄王、第七章与齐宣王外，其他各章都是孟子与梁惠王的对话。各章所记对话，大抵不离“仁政”的话题。战国时期社会发生大的变革，在列国纷争和人民斗争不断的形势下，孟子看到了人民力量的巨大，提出“民为贵，社稷次之，君为轻”的看法，强调统治者应重视人民的作用，君主应以爱护人民为先，为政者要施行“仁政”，保障人民权利。本课节选的片段点明了孟子“仁政”的主要内容，它包括反对攻伐，发展生产，减轻刑罚税敛，使老百姓过上丰衣足食的生活，在此基础上以孝悌之义教导百姓。如此便可以抵御外侮，并使天下归服。

二、励志砺学　知行合一

请完成以下学习任务。

学习任务一：“弘扬中华民族仁爱精神”主题演讲

“仁爱”是儒家伦理的核心，是中华优秀传统文化的重要内容。孔子说：“苟志于仁，无恶也。”“己所不欲，勿施于人”，孟子提出“亲亲而仁民，仁民而爱物”。在当今社会，古代圣人先哲所倡导的仁爱精神仍具有穿越时空的价值和力量。新时代的青年学生要继承和发扬中华优秀传统文化，切实体悟中华优秀传统文化中“仁爱精神”在当今社会的丰富内涵和时代价值，增强仁爱之心，身体力行，做担当民族复兴大任的时代新人。

（一）活动规则

1. 课前准备：以4~6人为一组分组；小组成员各自撰写以“弘扬中华民族仁爱精神”为主题的演讲稿；各小组先内部演讲，推选两名代表参加班级演讲，选出一名代表组建评分团。

2. 课上各组代表进行演讲比赛。以抽签方式确定出场顺序；每位参赛学生的演讲时间为5分钟；评分团现场打分，去掉一个最高分和一个最低分，取平均分即为最后成绩；比赛结束后统一公布最终得分。

3. 比赛设一等奖1名，二等奖2名，三等奖3名，给予奖励。

（二）活动内容

每位同学查阅相关资料，收集中华优秀传统文化中有关“仁爱精神”的经典章句、历史故事、名人名言等，撰写一篇演讲稿，进行演讲比赛。

演讲比赛评分表

评分项目	评分标准及分值	得分
演讲内容	紧扣主题，内容充实，立意新颖，文字优美（满分 4 分）	
语言表达	表达流畅，声情并茂（满分 1 分）	
	声音洪亮，普通话标准（满分 1 分）	
形象风度	精神饱满，会运用姿态、手势（手语）、表情等表达演讲主题（满分 1.5 分）	
综合效果	着装得体，举止自然，端庄大方（满分 1 分）	
	演讲效果良好，时间在 5 分钟以内（满分 1.5 分）	

学习任务二：走近父母，学会感恩

“仁者爱人”是儒家思想的重要内容，具有超越时空的魅力和价值。儒家仁爱精神内涵深邃，核心内容可以归结为孝悌与博爱。《论语》载：“孝弟（悌）也者，其为仁之本与!”即以孝亲敬长为仁的本始。孔子说：“弟子，入则孝，出则弟（悌），谨而信，泛爱众，而亲仁。”孟子说：“孩提之童，无不知爱其亲者；及其长也，无不知敬其兄也。亲亲，仁也；敬长，义也。无他，达之天下也。”这也是强调孝悌的基础作用。

孝敬父母，懂得感恩是中华民族的传统美德。作为新时代的青年人，我们要学会感恩父母，有孝敬之心，做仁爱之人，培养家国情怀。

（一）活动规则

1. 课前准备：以 4~6 人为一组分组；拟定采访主题和内容（如工作、家务劳动、亲子教育等），起草采访父母的提纲；小组成员根据小组拟定的采访主题和提纲，深度采访自己的父亲或母亲，采访中要重点体会父母在工作和生活中的不容易（可拍摄视频或照片），并填写好采访记录表，采访时间一般不少于 5 分钟。

2. 课堂上先以小组为单位进行内部交流，然后推选代表在班上分享，最后根据自己的感悟书写“亲爱的____，我想对你说”信件。

3. 课后把自己写的信带给父母。

（二）活动内容

1. 每位同学按照小组采访提纲完成对父亲或母亲的采访并做好记录，进行课堂交流。

2. 把自己想对父母说的话和祝福以书信的形式传递给他们。

采访记录表

时间：________________________________

地点：________________________________

采访内容：

____

____

____

____

____

我的感悟：

____

____

____

____

____

____

亲爱的______，我想对你说

____

____

____

____

____

____

____

____

____

____

____

三、妙笔生辉　墨润心田

请完成以下字帖描红。

孟子·离娄下（节选）

孟子曰：“君子所以异于人者，以其存心也。君子以仁存心，以礼存心。仁者爱人，有礼者敬人。爱人者人恒爱之，敬人者人恒敬之。有人于此，其待我以横逆，则君子必自反也：‘我必不仁也，必无礼也，此物奚宜至哉？’其自反而仁矣，自反而有礼矣，其横逆由是也，君子必自反也：‘我必不忠。’自反而忠矣，其横逆由是也，君子曰：‘此亦妄人也已矣。如此则与禽兽奚择哉？于禽兽又何难焉？’是故，君子有终身之忧，无一朝之患也。”

孟子·梁惠王上（节选）

孟子对曰：“地方百里而可以王。王如施仁政于民，省刑罚，薄税

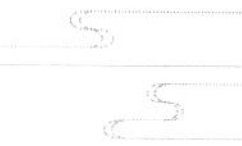

敛，深耕易耨，壮者以暇日修其孝悌忠信，入以事其父兄，出以事其长上，可使制梃以挞秦楚之坚甲利兵矣。彼夺其民时，使不得耕耨以养其父母，父母冻饿，兄弟妻子离散。彼陷溺其民，王往而征之，夫谁与王敌？故曰：'仁者无敌。'王请勿疑！"

第十课　义利之辨

一、文润心田　书香同行

扫二维码，听朗诵录音；结合注释、作者生平和写作背景，体会诗文中蕴含的思想感情。

孟子·梁惠王上（节选）

孟子见梁惠王[1]。王曰："叟[2]，不远千里而来，亦[3]将有以利吾国乎？"孟子对曰："王何必曰利？亦[4]有仁义而已矣。王曰：'何以利吾国？'大夫[5]曰：'何以利吾家？'士庶人[6]曰：'何以利吾身？'上下交征利[7]，而国危矣。万乘之国，弑(shì)其君者，必千乘之家[8]；千乘之国，弑其君者，必百乘之家。万取千焉，千取百焉，不为不多矣。苟[9]为后义[10]而先利，不夺不餍(yàn)[11]。未有仁而遗其亲者也，未有义而后其君者也。王亦曰仁义而已矣，何必曰利？"

【注释】

1. 梁惠王：亦称"魏惠王"，惠是谥号。他为避秦兵威胁，把都城迁到大梁（今河南开封），所以魏国又称梁国。

2. 叟：对老人的尊称。

3. 亦：句首助词，无义。

4. 亦：但，只。

5. 大夫：官名。夏商周三代，官职分卿、大夫、士三级，大夫又分上中下三等。

6. 庶人：古代称小官吏为庶人，也称老百姓为庶人，这里指前者。

7. 交征利：互相求取利益。交，互相。征，求取，追逐。

8. 家：古代大夫的家族。

9. 苟：如果，假如。

10. 后义：以义为后，即轻视义。下文的"先利"，意思是重视利益。

11. 不夺不餍：不夺取全部就不满足。餍，满足。

【作者生平】

略。

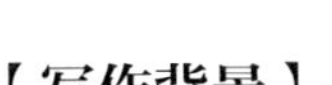

【写作背景】

本段为《孟子》首篇首章，其核心为“仁义”，这也是孟子思想的大纲。孟子生活在争夺、兼并不止的战国时代，无论君王还是百姓，人们的社会活动都落脚在现实功利的考量上。孟子认为，导致战国纷争之“害”的根本性原因在于逐“利”，其解决办法是提倡“仁义”的价值，以从人心上消除祸乱的源头，恢复社会秩序。孟子揭示出，对于一个组织系统来说，推广并极端化“利”的逻辑将导致组织的瓦解。孟子逆潮流而动，极力宣扬儒家的仁义思想，为重建时代价值观奔走呼号，难能可贵。

荀子·大略（节选）

义与利者，人之所两有[1]也。虽尧舜[2]不能去民之欲利[3]，然而能使其欲利不克[4]其好义[5]也。虽桀纣[6]不能去民之好义，然而能使其好义不胜其欲利也。故义胜利者为治世，利克义者为乱世。

【注释】

1. 两有：两项诉求都具有。也就是说，好义和重利是一般民众都具备的特点。
2. 尧舜：古史传说中的两位圣明君主，远古部落联盟的首领。
3. 欲利：对私利的追求欲。
4. 克：战胜，超过。
5. 好义：对道义的爱好。
6. 桀纣：桀和纣，相传都是暴君，桀纣后泛指暴君。

【作者生平】

略。

【写作背景】

战国末期，生产力的发展、军事领域的征伐不断、文化领域的百家争鸣等诸多社会现实的变化，让荀子对义和利有了新认识。荀子生活在战国末期，他也有条件对前人的义利思想进行深入的反思。荀子在批判继承了孔子、孟子、墨子义利思想基础上，提出了“义与利者，人之所两有也”“以义制利，义利统一”的义利观，这无疑是巨大的进步，相比较来说比孟子“不言利”更贴近现实。对于怎样对待利欲，荀子认为必须有所节制，即“以礼养情”“以义制利，义利统一”，从而使社会安定有序。课本节选的这部分中，荀子说明义、利的辩证统一关系，他认为人的社会属性不可剥离，“义与利者，人之所两有也”，即义、利是人的本性需求，任谁都无法去除。有道之君所应该做的就是伸张道义，缔造“以义克利”的盛世。所以，观人不在其是否欲利，而在其能否“义胜利”，也就是《论语》所谓的“见得思义”“见利思义”。这是荀子对儒学的发展。

二、励志砺学　知行合一

请完成以下学习任务。

学习任务一：明辨义利班级辩论赛

春秋战国时期，百家争鸣，各家各派对“义”“利”关系的争辩从未停止。“义”，指思想行为符合一定的道德标准。“利”，指利益、功利。儒家主张“重义轻利”“先义后利”；墨子重利，但也“贵义”，主张“义利合一”；法家主张“重利轻义”。建立什么样的义利观，是一种价值选择。我们唯有明辨“义”与“利”，处理好道德与利益的关系，才能走向更高的境界。

举行辩论赛，通过辩论明辨“义”与“利”之间的关系，树立正确的义利观。

（一）活动规则

1. 比赛前，通过自愿组队形式，每 4 人组成一个辩论小组，确定每组一辩、二辩、三辩、四辩人员。

2. 通过抽签形式确定辩论赛的正方及反方，正方观点为“先义后利”，反方观点为“先利后义”。

3. 确定主持人，联系评委老师，准备好相关的辅助材料，如比赛规则、评分标准、评分表等。

4. 比赛时，辩手应注意谈吐风雅，尊重评委及观众，遵守比赛规则及流程。

5. 比赛完成，由评委老师打分并公布获胜一方及单场最佳辩手。

6. 比赛结果揭晓后，由教师及主持人进行本次辩论赛的总结。

（二）活动内容

1. 各小组成员根据辩题撰写辩词。

2. 小组两两对抗，围绕辩题，通过开篇立论—攻辩—攻辩小结—自由辩论—结辩 5 个环节进行辩论，并评选出最终获胜代表队和最佳辩手。

3. 比赛的胜负由评委综合评定决定，分数高者获胜。单场最佳辩手得分只作为个人奖项的评审依据，与小组胜负无关。

（1）评分标准

①每名队员满分为 100 分，每队的总分为 400 分。

②最佳辩手的总分为 100 分。

（2）评分规则

①对“义”与“利”的关系有深刻独到的理解。（满分 20 分）

②论据丰富，引述资料全面恰当。（满分 20 分）

③论证逻辑严谨，说服力强。（满分 20 分）

④机智，幽默，反应能力强。（满分 20 分）

⑤普通话标准，语言表达流畅。（满分 10 分）

⑥举止大方得体、风度佳。（满分 10 分）

学习任务二：“树立正确的义利观”手抄报比赛

以义为先、义利兼顾，是中国人鲜明而独特的主流价值取向和行为准则。在《论语·里仁》中，孔子强调“君子喻于义，小人喻于利”。新时期，中国人创造性地丰富了传统义利观的内涵。当前，结合时代发展，树立正确的义利观，处理好道德与物质利益的关系，处理好个人利益和集体利益的关系，显得尤为紧要和迫切。

（一）活动规则

1. 2~3 人为一组，以小组为单位制订活动计划，做好人员分工，搜集整理资料，做好准备工作。

2. 参赛作品以“以义为先，义利兼顾”为主题，思想内容要健康，积极向上。

3. 作品内容可以图文并茂（即有报头、插图、文字等部分），注意构图、内容、字体等方面的配合。版式、色彩不限。

4. 用黑色中性笔或黑色钢笔书写文字。要求书写规范，字迹清晰，大小适当。

5. 统一使用 A3 纸（否则视为无效），在作品背面右下角标明班级、姓名、作品题目。

6. 作品以小组为单位进行创作，不得抄袭。

7. 作品评委由班干部担任，评出一等奖 1 名，二等奖 2 名，三等奖 3 名，最终结果由班主任审核。

（二）活动内容

1. 学生以小组为单位，确定主题，搜集整理资料，设计版面，分工合作。

2. 学生编辑、制作手抄报。

三、妙笔生辉　墨润心田

请完成以下字帖描红。

孟子·梁惠王上（节选）

孟子见梁惠王。王曰：“叟，不远千里而来，亦将有以利吾国乎？”

孟子对曰："王何必曰利？亦有仁义而已矣。王曰：'何以利吾国？'大夫曰：'何以利吾家？'士庶人曰：'何以利吾身？'上下交征利，而国危矣。万乘之国，弑其君者，必千乘之家；千乘之国，弑其君者，必百乘之家。万取千焉，千取百焉，不为不多矣。苟为后义而先利，不夺不餍。未有仁而遗其亲者也，未有义而后其君者也。王亦曰仁义而已矣，何必曰利？"

荀子·大略（节选）

义与利者，人之所两有也。虽尧舜不能去民之欲利，然而能使其欲利不克其好义也。虽桀纣不能去民之好义，然而能使其好义不胜其欲利也。故义胜利者为治世，利克义者为乱世。

第十一课　格物致知

一、文润心田　书香同行

扫二维码，听朗诵录音；结合注释、作者生平和写作背景，体会诗文中蕴含的思想感情。

礼记·大学（节选）

古之欲明明德[1]于天下者，先治其国[2]。欲治其国者，先齐其家[3]。欲齐其家者，先修其身。欲修其身者，先正[4]其心。欲正其心者，先诚[5]其意[6]。欲诚其意者，先致其知[7]。致知在格物[8]。物格而后知至，知至而后意诚，意诚而后心正，心正而后身修，身修而后家齐，家齐而后国治，国治而后天下平。

【注释】

1. 明明德：前一个“明”字做使动词用，即“使彰明”，也就是发扬、弘扬的意思；后一个“明”字是形容词，明德，即光明正大的德性。
2. 国：古代王、侯的封地。
3. 齐其家：管理好自己的家庭或家族，使家庭和睦相处，家族兴旺发达。
4. 正：使……端正。
5. 诚：使……诚实、真实。
6. 意：意念，想法。
7. 致其知：使自己获得知识，达到完美的理解。
8. 格物：认识、研究万事万物的道理。

【作者生平】

《大学》原是《礼记》的一篇，约为秦汉之际儒家作品。北宋程颢认为它是孔子的遗书。南宋朱熹认为它是曾子及其门人所作，但与《大戴礼记》中《曾子立事》等篇不类。因此，《礼记·大学》的作者至今没有确定的说法。

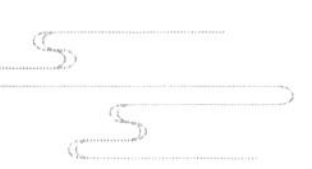

【写作背景】

《大学》是儒家经典中的名篇，原是《礼记》中的一篇，在唐代以前并没引起人们的特别关注。到宋代，理学创始人程颢、程颐非常重视《大学》，称之为“孔氏之遗书，而初学入德之门也”。南宋理学集大成者朱熹又在二程基础上，将它和《论语》《孟子》《中庸》合编为《四书》，在封建社会后期影响极大。《大学》着重阐述了个人道德修养与社会治乱的关系，以“明明德”“亲民”“止于至善”为修养的目标，称为“三纲领”。又提出实现天下大治的 8 个步骤，即“格物”“致知”“诚意”“正心”“修身”“齐家”“治国”“平天下”，称为“八条目”。其中每一个都以前一个为先决条件，而“修身”是其中最根本的、具有决定意义的一步，前 4 个是“修身”的方法途径，后 3 个是“修身”的必然效果。

四书章句集注·大学章句（节选）

所谓致知在格物者，言欲致[1]吾之知，在即[2]物而穷[3]其理[4]也。盖人心之灵莫不有知，而天下之物莫不有理，惟于理有未穷[5]，故其知有不尽也。是以《大学》始教，必使学者[6]即凡[7]天下之物，莫不因[8]其已知之理而益[9]穷之，以求至[10]乎其极[11]。至于用力之久，一旦豁然贯通[12]焉，则众物之表里[13]精粗[14]无不到，而吾心之全体[15]大用[16]无不明矣。此谓物格[17]，此谓知之至也。

【注释】

1. 致：使……获得。
2. 即：接近，接触。
3. 穷：穷究，彻底研究。
4. 理：规律，准则。
5. 未穷：未穷尽，未彻底。
6. 学者：求学的人，做学问的人。
7. 凡：所有。
8. 因：根据，按照。
9. 益：更加。
10. 至：达到。
11. 极：顶点，终点。
12. 贯通：贯穿起来得到透彻的理解。
13. 表里：指众物的表面现象和内部实情。
14. 精粗：指众物的精细与粗大。

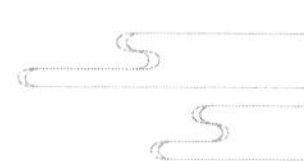

15. 全体：指内心的一切感知能力。
16. 大用：指内心的一切功用。
17. 物格：事理得到了穷究。

【作者生平】

朱熹（1130—1200），南宋理学家、教育家。字元晦，号晦庵，徽州婺源（今属江西）人。生于南剑州尤溪（今属福建）。拜理学家李侗为师，专心儒学。他继承二程，又独立发挥，形成了自己的体系，后人称为程朱理学。曾任泉州同安主簿、知南康军、秘阁修撰等职。主张抗金，认为“和议有百害而无一利”。强调“蓄锐待时”，反对盲目用兵。著有《四书章句集注》《周易本义》《诗集传》《楚辞集注》。

【写作背景】

《四书章句集注·大学章句》是朱熹为《大学》这部经典作的注释。章句，即离章辨句，有分析古书章节句读之意。章句侧重于逐句逐章串讲、分析大意，是古书的一种注释方式。

二、励志砺学　知行合一

请完成以下学习任务。

学习任务一：格物致知之我知

学习完本课，再结合平时的学习和实践体悟，我们会更加明白：我们学习技能时，也需要不断用具体的任务来训练自己，积累经验。经过反复的训练，技能水平就能得到提高。在此之后，哪怕面对一个不熟悉的任务，也能够充满信心，稍稍尝试就能很快上手。同时，我们要留心观察生活，有想象力，有计划地探索，而不是消极观察；要勤于动手，注重实践活动，将理论与实践相结合；要敢于质疑，善于思考，注重培养创新精神。

（一）活动规则

1. 4~6 人为一组，进行讨论，谈谈明白了格物致知的道理后，如何在平时的技能学习中身体力行。

2. 每组选举一名代表在班上分享本组的讨论结果。

（二）活动内容

所有组员参与讨论。小组代表发言时尽量做到脱稿。

学习任务二：格物致知之我行

古人除了阐述“格物致知”的观点，也用自己的行动去展示“格物致知”的精髓。我国明代著名的医药学家李时珍善于思考和实践，他深入山间田野，亲自尝试了许多从前医

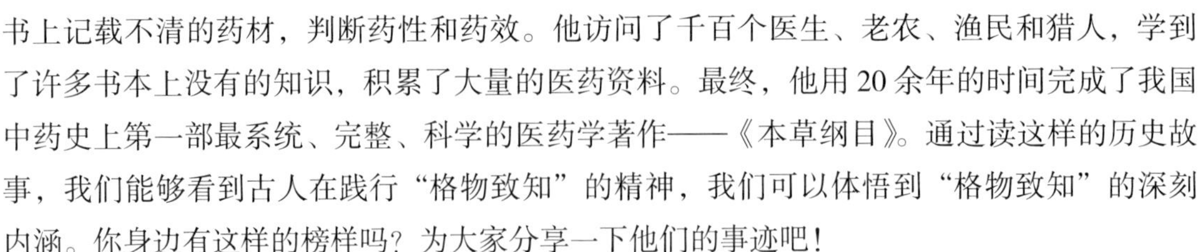

书上记载不清的药材，判断药性和药效。他访问了千百个医生、老农、渔民和猎人，学到了许多书本上没有的知识，积累了大量的医药资料。最终，他用20余年的时间完成了我国中药史上第一部最系统、完整、科学的医药学著作——《本草纲目》。通过读这样的历史故事，我们能够看到古人在践行“格物致知”的精神，我们可以体悟到“格物致知”的深刻内涵。你身边有这样的榜样吗？为大家分享一下他们的事迹吧！

（一）活动规则

1. 寻找身边（班级、学校、家庭中）践行“格物致知”精神的榜样。
2. 4~6人为一组，分享榜样的事迹，将事迹拍成小视频。
3. 各组展示所制作的小视频。

（二）活动内容

各组内部讨论后，填写榜样事迹表，按照榜样事迹表的思路制作小视频。

榜样事迹表

类别	姓名	主要事迹	值得学习的地方

三、妙笔生辉　墨润心田

请完成以下字帖描红。

礼记·大学（节选）

古之欲明明德于天下者，先治其国。欲治其国者，先齐其家。欲齐其家者，先修其身。欲修其身者，先正其心。欲正其心者，先诚其意。欲诚其意者，先致其知。致知在格物。物格而后知至，知至而后意诚，意诚而后心正，心正而后身修，身修而后家齐，家齐而后国治，国治而后天下平。

四书章句集注·大学章句（节选）

所谓致知在格物者，言欲致吾之知，在即物而穷其理也。盖人心之灵莫不有知，而天下之物莫不有理，惟于理有未穷，故其知有不尽也。是以《大学》始教，必使学者即凡天下之物，莫不因其已知之理而益穷之，以求至乎其极。至于用力之久，一旦豁然贯通焉，则众物之表里精粗无不到，而吾心之全体大用无不明矣。此谓物格，此谓知之至也。

第十二课　知行合一

一、文润心田　书香同行

扫二维码，听朗诵录音；结合注释、作者生平和写作背景，体会诗文中蕴含的思想感情。

朱子语类（节选）

知[1]与行，工夫须[2]著并到。知之愈（yù）[3]明，则行之愈笃（dǔ）[4]；行之愈笃，则知之益[5]明。二者皆不可偏废[6]。如人两足相先后行，便会渐渐行得到。若一边软了，便一步也进不得。然又须先知得，方行得。所以大学先说致知，中庸说知先于仁、勇，而孔子先说知及之[7]。然学问、慎思、明辨、力行，皆不可阙（quē）[8]一。

【注释】

1. 知：认知，学问。
2. 须：须要。
3. 愈：更加，越。
4. 笃：纯一，专一。
5. 益：更加。
6. 偏废：偏重或废弃某一方面。
7. 知及之：见《论语·卫灵公》，意思是凭借聪明才智足以得到它。
8. 阙：同“缺”。

【作者生平】

略。

【写作背景】

《朱子语类》是南宋哲学家朱熹与其弟子问答的语录汇编。《朱子语类》一书内容丰富，析理精密。共 140 卷，分“理气”“鬼神”“性理”“学”等 26 门。内容涉及自然科学、哲学、政治、史学等各方面，基本上代表了朱熹思想，一向为学者所推崇，为研究朱熹思想的重要资料。

传习录（节选）

知[1]之真切笃（dǔ）实[2]处即是行，行之明觉精察处即是知，知行工夫，本不可离。只为后世学者分作两截用功，失却[3]知行本体，故有合一并进之说。真知即所以为行，不行不足谓之知……尽天下之学，无有不行而可以言学者，则学之始，固已即是行矣。笃者，敦实笃厚之意。已行矣，而敦笃其行[4]，不息其功之谓尔。

【注释】

1. 知：认知，学问。
2. 笃实：踏实，实在。
3. 失却：失掉。
4. 敦笃其行：敦厚笃实地做事。

【作者生平】

王守仁（1472—1529），明代理学家、教育家。字伯安，曾筑室阳明洞中，世称“阳明先生”，余姚（今属浙江）人。弘治进士。正德元年（1506）武宗朱厚照继位，太监刘瑾弄权，王守仁因抗疏救援戴铣等人被刘瑾廷杖，后系狱，不久被贬谪为贵州龙场（修文县治）驿丞。后以镇压农民起义和平定宁王朱宸濠在南昌发动的叛乱，封新建伯，官至南京兵部尚书。卒谥文成。初习程朱理学，遍读朱熹著作，后转陆九渊心学，并发展了陆九渊的学说，用以对抗程朱学派，成为理学内部心一元论的最大代表。

【写作背景】

《传习录》是中国明代哲学家王守仁的语录和论学书信。正德三年，在被贬贵州龙场期间，王守仁的思想发生重要转变，他背弃朱熹关于向外穷理的格物致知说，注重反求内心的修养方法，并提出知行合一说。后来，王守仁多次与弟子徐爱等人讲述他的《大学》格物致知新说和知行合一说。徐爱自正德七年开始，陆续记下王守仁论学的内容，取名《传习录》。

《传习录》的“传习”出自《论语》的“传不习乎”。该书展现了王守仁的主要哲学思想，上册偏重批评朱熹增改的《大学》古本，反复阐述格物致知新说和心与理一、知行合一的思想。中册为王守仁思想成熟时期的著作，系统地阐述了他的致良知、知行合一、心物合一、天人合一等思想。下册介绍了他晚年各种思想。

二、励志砺学　知行合一

请完成以下学习任务。

学习任务一：理学家朱熹之我见

朱熹，字元晦，号晦庵，著名理学家、教育家，宋代理学思想的集大成者。朱熹的哲学思想主要表现为理学思想。宋明理学是宋、明直至清前期最主要的哲学学派。如果我们把孔孟看作前儒家的代表人物，那么朱熹则是后儒家的代表人物。

在朱熹的理学思想中，天理、人欲是一个重要的哲学命题。朱熹认为天理、人欲是人性中相对的两个方面，主张“存天理，灭人欲”。

（一）活动规则

1. 查阅朱熹的相关资料，收集朱熹在理学方面的成就和主要观点。

2. 4~6 人为一组，讨论朱熹“存天理，灭人欲”观点的真正含义，以及自己对这个观点合理性的看法。

3. 每组推选一名代表在班上分享本组讨论的结果。

（二）活动内容

每位同学根据小组讨论内容，查阅资料，修改完善初稿。代表本小组分享的同学，注意提前拟好发言提纲并多次练习，尽量做到分享时脱稿。

学习任务二：知之真切，敦笃其行

在日常学习和生活中，目标是我们行动的动力，怎样去完成既定目标是我们应该思考的问题。我们在有了清晰的规划后，就可以将目标拆解，然后一步一步去实施。例如，我们设定的目标是完成一个工作页，那么我们首先要设定目标完成的时间，然后进行工作页理论部分（认知部分）的学习，再进行实际工作流程（实践部分）的操作，最后完成工作页的撰写。这样操作，就做到了认识与实践相结合。

（一）活动规则

1. 4~6 人为一组，以小组为单位查阅相关图书和网络资源，讨论、总结在日常学习和生活中实现“知行合一”常遇到的障碍和突破它们的方法。

2. 每组推选一名代表，以讲述 1~5 个学习或生活实例的方式，在班上分享本组讨论、总结的成果。

（二）活动内容

小组在讨论前，要提前做好分工，分头搜集资料以及学习或生活实例。讨论时，组长要督促组员积极发言。

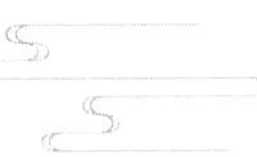

三、妙笔生辉　墨润心田

请完成以下字帖描红。

朱子语类（节选）

知与行，工夫须著并到。知之愈明，则行之愈笃；行之愈笃，则知之益明。二者皆不可偏废。如人两足相先后行，便会渐渐行得到。若一边软了，便一步也进不得。然又须先知得，方行得。所以大学先说致知，中庸说知先于仁、勇，而孔子先说知及之。然学问、慎思、明辨、力行，皆不可阙一。

传习录（节选）

知之真切笃实处即是行，行之明觉精察处即是知，知行工夫，本不可离。只为后世学者分作两截用功，失却知行本体，故有合一并进之说。真知即所以为行，不行不足谓之知……尽天下之学，无有不行而可以言学者，则学之始，固已即是行矣。笃者，敦实笃厚之意。已行矣，而敦笃其行，不息其功之谓尔。

民俗之情

第十三课　人世初礼

一、文润心田　书香同行

扫二维码，听朗诵录音；结合注释、作者生平和写作背景，体会诗文中蕴含的思想感情。

崔侍御以孩子三日示其所生诗见示因以二绝句和(hè)之

［唐］白居易

洞房[1]门上挂桑弧(hú)[2]，香水[3]盆中浴凤雏(chú)[4]。

还(huán)似初生三日魄(pò)，嫦娥满月即(jí)成珠。

爱惜肯将同宝玉，喜欢应胜得王侯。

弄璋(zhāng)[5]诗句多才思，愁杀无儿老邓攸(yōu)[6]。

【注释】

1. 洞房：幽深的内室。这里指卧室。

2. 桑弧："桑弧蓬矢"的略语。古时男子出生，以桑木做弓，蓬草为矢，射天地四方，象征男儿应有志于四方。

3. 香水：调有香料的水。古人认为，洗三时用艾叶、花椒熬成的水，可以祛除不祥，令小儿终身无疥疮。

4. 凤雏：幼小的凤。这里是美称崔侍御所生幼子。

5. 弄璋：指生了男孩。璋，玉器。弄璋意指希望儿子将来有玉一样的美德。古代重男轻女，把璋给男孩子玩。

6. 无儿老邓攸：晋邓攸，字伯道。永嘉末，为石勒所俘，后逃至江南。南逃时，步行，担其儿与侄儿，度不能两全，乃弃子全侄。后竟无子，卒以无嗣。后常用以惋惜有德之人没有子嗣。

【作者生平】

白居易（772—846），唐代诗人。字乐天，晚年号香山居士。生于郑州新郑（今属河南）。自幼聪慧。少年时经历藩镇战乱，接触到民间疾苦，立志苦读。父死母病后，靠长兄白幼文微俸持家，生活艰难。唐德宗贞元十六年（800），进士及第，授秘书省校书郎。元和年间任左拾遗及左赞善大夫。积极参政，上书论事。同时，写了大量的讽喻诗，推动了新乐府诗歌革新。元和十年6月，宰相武元衡被刺，白居易率先上疏请急捕凶手，却被以越职言事的罪名贬为江州（今江西九江）司马。长庆间任杭州刺史，宝历初任苏州刺史，后官至刑部尚书。早期所作讽喻诗，如《秦中吟》《新乐府》中的不少篇章，尖锐地揭发了时政弊端和社会矛盾，于民生困苦也多有反映。其诗语言通俗，相传老妪也能听懂。除讽喻诗外，长篇叙事诗《长恨歌》《琵琶行》也很有名。有《白氏长庆集》。

【写作背景】

生儿育女是家庭、家族的一桩大喜事，因此，当婴儿一出生，主人就要到亲戚、朋友、邻里家去报告喜讯。崔侍御生子作诗给老友白居易报喜，白居易见了崔侍御的生子诗后，和了他两首绝句以示祝贺，成就了文坛一段佳话。

贺陈述古弟章生子

［宋］苏轼

郁葱[1]佳气[2]夜充闾(lǘ)[3]，始见徐卿(qīng)第二雏(chú)[4]。
甚欲去为汤饼客[5]，惟愁错写弄獐(zhāng)[6]书。
参军[7]新妇贤相敌，阿大中郎喜有余。
我亦从来识英物[8]，试教啼(tí)看定何如。

【注释】

1. 郁葱：气盛的样子。

2. 佳气：美好的云气。古代以为是吉祥的象征。

3. 闾：里门。

4. 徐卿第二雏：杜甫《徐卿二子歌》云“徐卿二子生绝奇”，“丈夫生儿有如此二雏者，名位岂肯卑微休”。苏轼以徐卿喻陈述古之弟，以徐卿第二雏喻陈述古弟所生之子。

5. 甚欲去为汤饼客：意思是说，很想去做贺喜的客人。汤饼，汤煮的面食。旧俗生儿3日以汤煮面食招待亲友。

6. 弄獐：李林甫舅舅的儿子太常少卿姜度喜得贵子，李手书庆贺曰“闻有弄獐之庆”。满堂宾客视之皆掩口而笑。李林甫不学无术，不知道“弄璋”的典故，却想卖弄斯文，结果闹出笑话。

7. 参军：官名。晋王浑弟沦，字太冲，曾任大将军参军。这里参军借指陈述古之弟。典出《晋书》：“王浑与妇钟氏共坐，见武子从庭过，浑欣然谓妇曰：‘生儿如此，足慰人

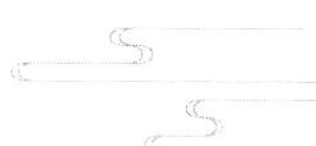

意。’妇笑曰：‘若使新妇得配参军，生儿故可不啻如此。’”

8. 英物：杰出的人物。

【作者生平】

苏轼（1037—1101），北宋文学家、书画家。字子瞻，号东坡居士，眉州眉山（今属四川）人。苏洵之子。嘉祐进士。神宗时曾任职史馆，因与王安石政见不合而求外职，任杭州通判，继知密、徐、湖三州。元丰二年（1079）7 月以诗文谤讪新政的罪名被捕入狱，数月后获释，被贬为黄州团练副使，史称“乌台诗案”。哲宗时任翰林学士，曾出知杭州、颍州等，官至礼部尚书。后又被贬谪到惠州、儋州。徽宗即位，遇赦北归，第二年病死常州。南宋时追谥文忠。与父苏洵、弟苏辙，合称“三苏”，俱被列入“唐宋八大家”。

【写作背景】

这是一首贺人生子的风俗诗。

苏轼在诗中表达自己在得知陈章家喜得第二位佳公子之时，很想去参加三朝礼的汤饼宴，而又担心自己才华有限，写不好贺词。苏轼好风趣，本诗句句用典，十分妥帖。诗中，苏东坡巧用掌故，曲言“惟愁错写弄獐书”，诙谐之笔，令人掩口。这种表达方式，一定会让主人高兴。虽抓了李林甫的笑柄，读来却讨人喜爱，借着李林甫的笑话，其实是在祝贺主人喜得贵子。

幼学琼林（节选）

称人生日，曰初度[1]之辰；贺人逢旬(xún)[2]，曰生申[3]令旦。三朝(zhāo)洗儿[4]，曰汤饼之会[5]；周岁试周，曰晬(zuì)盘[6]之期。男生辰曰悬弧[7]令旦[8]，女生辰曰设帨(shuì)[9]佳辰。贺人生子，曰嵩(sōng)岳降神；自谦生女，曰缓急非益[10]。生子曰弄璋，生女曰弄瓦[11]。梦熊梦罴(pí)，男子之兆；梦虺(huǐ)梦蛇，女子之祥。[12]梦兰叶(xié)吉[13]，郑文公妾生穆公之奇；英物[14]称奇，温峤(qiáo)闻声知桓(huán)温之异(yì)。

【注释】

1. 初度：初生的时候。

2. 逢旬：逢十。

3. 生申：如申伯和甫侯的降生。《诗经·大雅·嵩高》：“嵩高维岳，峻极于天，维岳降神，生甫及申。”意为“嵩山在五岳中居中，巍巍高耸入云霄。嵩山降下神灵，生下了甫侯和申伯”。后也以“嵩岳降神”来祝贺他人生儿子。

4. 洗儿：旧俗，婴儿出生后 3 日或满月时替其洗身。

5. 汤饼之会：旧俗，寿辰及小孩出生第三天或满月、周岁时举行的庆贺宴会。因备有象征长寿的汤面，故名。汤饼，即今之汤面。

6. 晬盘：旧俗，在婴儿周岁时，以盘盛纸、笔、刀、箭等物，任其抓取，以占其将来之志趣，谓之试儿，又叫试晬、抓周。盛物之盘叫晬盘。

7. 悬弧：古代风俗，生儿子后在家门左面挂一张弧。弧，木弓。

8. 令旦：吉日。

9. 设帨：古代风俗，生女儿，在门右设帨。帨，佩巾。

10. 缓急非益：紧要关头没有好处。汉淳于意有五女而无男。有罪当刑，骂曰："生子不生男，缓急非有益也。"见《汉书·刑法志》。

11. 弄瓦：古时称生女曰弄瓦。瓦，纺锤。《诗经·小雅·斯干》："乃生女子，载寝之地。载衣之裼，载弄之瓦。"

12. 梦熊梦罴，男子之兆；梦虺梦蛇，女子之祥：古人认为梦见熊罴这些阳性事物，就是生男孩的预兆；梦见虺蛇这些阴性事物，就是生女儿的祥瑞。《诗经·小雅·斯干》："维熊维罴，男子之祥；维虺维蛇，女子之祥。"

13. 梦兰叶吉：春秋时郑文公妾燕姞，梦天使赐予兰，曰："余尔祖也。以是而为子。"后文公见燕姞，与之兰而幸之，后果生穆公，名之为兰。见《左传·宣公三年》。

14. 英物：杰出人物。《晋书·桓温传》："桓温字元子，宣城太守彝之子也。温生末期，而太原温峤见之曰：'此儿有奇骨，可试使啼。'及闻其声，曰：'真英物也。'"

【作者生平】

一般认为，《幼学琼林》最初的著者是明末的程登吉，也有的人认为作者是明景泰年间的进士邱睿。清朝的嘉庆年间，邹圣脉对该书作了一些补充，并且更名为《幼学故事琼林》（又称《幼学琼林》，简称《幼学》）。民国时，费有容、叶浦荪等又进行了增补，遂成为今天我们所见的这一版本。

程登吉，字允升，明代西昌人，生平不详。

【写作背景】

《幼学琼林》最初叫《幼学须知》，又称《成语考》《故事寻源》，属于古代的蒙学课本，共4卷。此书内容丰富，涉及面广，堪称中国古代蒙学读物中编得最好、影响最大的读本。内容广博精深，涉及天文、地理、历史人物、典章制度、饮食起居、生老病死、婚丧嫁娶等，可谓应有尽有，是一部名副其实的蒙学百科全书。含有不少格言警句、成语掌故，语言简明通俗，字数不拘，遣词力求两两成对，通顺上口，以便易学易懂、易背易用。该书影响较广，以至有"读了《增广》会说话，读了《幼学》走天下"之誉。

二、励志砺学　知行合一

请完成以下学习任务。

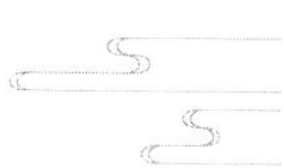

学习任务一：探寻“抓周”的起源

抓周，又称试儿、试晬（zuì）、拈周、试周。新生儿周岁时，在其面前摆放笔、墨、纸、砚、算盘、钱币、书籍等各种生活用品和玩物，任其任意抓取，以此来预测其日后前途、性情和志趣。抓周既是一种仪式，也是孩童第一个生日的庆祝方式。这种习俗在民间流传已久，其核心是对孩童健康成长、对家族兴旺的祝福，反映了父母对子女的慈爱。

（一）活动规则

1. 课前自主进行“抓周”的来源探寻，以“来源、仪式过程、使用物件及意义”等关键词，绘制一张“民间‘抓周’习俗的来源”思维导图。

2. 课前向父母了解自己的“抓周”趣事或收集名人的“抓周”故事。

3. 课上以4~6人为一组，在组内展示并讲解“民间‘抓周’习俗的来源”思维导图，互相分享自己或名人的“抓周”故事。

4. 每组选出一位讲得最好的同学，在全班进行分享。

5. 老师在各组分享结束后按照评价标准为选手打分，评出前三名，给予奖励。

（二）活动内容

1. 通过查阅资料和小组讨论，探寻“抓周”仪式的来源，并完成“民间‘抓周’习俗的来源”思维导图的绘制。

2. 向同学分享自己“抓周”的趣事或名人“抓周”的故事。

3. 探寻“抓周”的起源活动评价标准

（1）思维导图

①整体布局合理，层次清晰，分类标准统一，主题突出。（满分3分）

②关键词提取精准、合理，内容充实。（满分2分）

③文字书写工整简洁。（满分1.5分）

（2）故事分享

①内容积极，能体现“抓周”习俗对于新生儿的美好期盼。（满分2分）

②普通话标准，条理清晰，语言生动、感染力强。（满分1.5分）

学习任务二：“岁子馒头”造型创意竞赛

给宝宝过百日是中华民族的古老习俗。这一天，通常要请来亲朋好友庆贺，祝福宝宝健康成长，长命百岁。在胶东地区，宝宝过百日有一种必不可少的礼物——岁子馒头。岁子馒头常见的造型有百岁锁子、百岁圈、老虎、燕子、石榴、顶柱等。请同学们以常用花样及寓意为基础，进行“岁子馒头”造型创意竞赛。

（一）活动规则

1. 4人为一组，绘制“岁子馒头”创新造型设计图，并阐述设计理念。

2. 各小组用太空泥（或橡皮泥）制作出“岁子馒头”模型。

3. 小组互相投票，选出“最佳创意奖”“最佳岁子馒头奖”“最佳寓意奖”。

（二）活动内容

“岁子馒头”造型创意竞赛作品评分标准

1. 设计图

（1）造型优美、色彩和谐。（满分 1.5 分）

（2）能在保留“岁子馒头”传统造型的基础上有新的创意。（满分 1.5 分）

2. 设计理念阐述

（1）表达清晰、流畅。（满分 1 分）

（2）寓意符合“百岁”传统，能表达出长辈对新生儿的美好祝福。（满分 2 分）

3. 模型制作

（1）型：精美自然、平滑，花纹清晰。（满分 1 分）

（2）色：色调匀称、自然、美观。（满分 1 分）

（3）创意：在保持“岁子馒头”传统造型的基础上有所创新。（满分 2 分）

三、妙笔生辉　墨润心田

请完成以下字帖描红。

崔侍御以孩子三日示其所生诗见示

因以二绝句和之

［唐］白居易

洞房门上挂桑弧，

香水盆中浴凤雏。

还似初生三日魄，

嫦娥满月即成珠。

爱惜肯将同宝玉，

喜欢应胜得王侯。

弄璋诗句多才思，
愁杀无儿老邓攸。

贺陈述古弟章生子

［宋］苏轼

郁葱佳气夜充闾，
始见徐卿第二雏。
甚欲去为汤饼客，
惟愁错写弄獐书。
参军新妇贤相敌，
阿大中郎喜有余。
我亦从来识英物，
试教啼看定何如。

幼学琼林（节选）

称人生日，曰初度之辰；贺人逢旬，曰生申令旦。三朝洗儿，曰汤饼之会；周岁试周，曰晬盘之期。男生辰曰悬弧令旦，女生辰曰设帨佳辰。

贺人生子，曰嵩岳降神；自谦生女，曰缓急非益。生子曰弄璋，生女曰弄瓦。梦熊梦罴，男子之兆；梦虺梦蛇，女子之祥。梦兰叶吉，郑文公妾生穆公之奇；英物称奇，温峤闻声知桓温之异。

第十四课　加冠及笄

一、文润心田　书香同行

扫二维码，听朗诵录音；结合注释、作者生平和写作背景，体会诗文中蕴含的思想感情。

咏史·弱冠[1]弄柔翰[2]

（guàn　hàn）

［西晋］左思

弱冠弄柔翰，卓荦(luò)[3]观群书。

著论准《过秦》，作赋拟《子虚》。[4]

边城苦鸣镝(dí)[5]，羽檄(xí)[6]飞京都。

虽非甲胄(zhòu)士[7]，畴昔[8]览穰苴(ráng jū)[9]。

长啸[10]激清风[11]，志[12]若无东吴[13]。

铅刀贵一割[14]，梦想骋(chěng)良图[15]。

左眄(miǎn)[16]澄(chéng)[17]江湘[18]，右盼[19]定羌(qiāng)胡[20]。

功成不受爵[21]，长揖(yī)[22]归田庐[23]。

【注释】

1. 弱冠：古代男子20岁行冠礼，因为还没达到壮年，称作弱冠，后世泛指男子20左右的年纪。语出《礼记·曲礼》："人生十年曰幼，学；二十曰弱，冠。"

2. 弄柔翰：指写作。柔翰，毛笔。

3. 卓荦：卓越出众。

4. 著论准《过秦》，作赋拟《子虚》：写作时，政论以《过秦论》为标准，辞赋以《子虚赋》为范式。论，文体的一种，即议论文。准，以……为准则。《过秦》，指汉朝贾谊所著《过秦论》。赋，我国古代文体名，是韵文和散文的综合体，讲究辞藻、对偶、用韵。拟，比拟，类似。《子虚》，汉朝司马相如所作《子虚赋》。

5. 苦鸣镝：苦于战争。鸣镝，即响箭，古时发射它作为战斗的信号。这里代指战争。

6. 羽檄：紧急的军事文书。插鸟羽以示紧急，须速递。

7. 甲胄士：指军人、战士。甲，铠甲。胄，头盔。

8. 畴昔：从前，往时。

9. 穰苴：《司马穰苴兵法》的简称，春秋时代齐国的一部兵书。春秋时齐国大司马田穰苴，善于治军和作战。曾著兵法若干卷。齐景公因为他抵抗燕、晋有功，尊为大司马，所以叫“司马穰苴”。这里泛指兵书。

10. 长啸：撮口长呼，魏晋时人们常以此抒发情怀。

11. 激清风：（啸声）激荡着清风。

12. 志：豪气。

13. 无东吴：不把东吴放在眼里。东吴，指三国时孙权建立的江东吴国政权。

14. 铅刀贵一割：东汉班超上疏章帝，希望施展“铅刀一割”之用。这里沿用其语，比喻自己虽然钝驽无能，但是还可为国一用。铅刀，铅质的刀。铅是一种很软的金属，以铅做刀，其钝可知，故以之表示谦虚。

15. 骋良图：施展自己的抱负，指为国立功，功成身退。骋，驰骋，施展。良图，远大的理想。

16. 眄：斜着眼睛看。

17. 澄：澄清，平定。

18. 江湘：长江、湘水，当时大部分为东吴所有，这里代指东吴。

19. 盼：看。

20. 羌胡：指五胡中的羌族，分布在今青海、甘肃一带。

21. 受爵：指受赏封官。爵，禄位。

22. 长揖：拱手高举，自上而下行礼。

23. 田庐：田舍，家园。

【作者生平】

左思（约 250—约 305），西晋文学家。字太冲，齐国临淄（今山东淄博市临淄区北）人。他家世业儒学。少时曾学书法鼓琴，皆不成，后来由于父亲的激励，乃发愤勤学。左思貌丑口讷，不好交游，但辞藻华丽，《晋书》本传谓其构思 10 年，写成《三都赋》，洛阳因之纸贵。泰始八年（272）前后，因其妹左棻被选入宫，举家迁居国都洛阳。入京之初他也有做高官的理想，却为门阀制度所阻遏，官止于秘书郎。原有集，已散佚，后人辑有《左太冲集》。

【写作背景】

在晋代，门阀士族把持政权，通过九品中正制，垄断了做高官的道路，许多有才有德但门第较低的人，往往得不到为国家人民服务的机会。左思博学多能，然出身寒微，一生

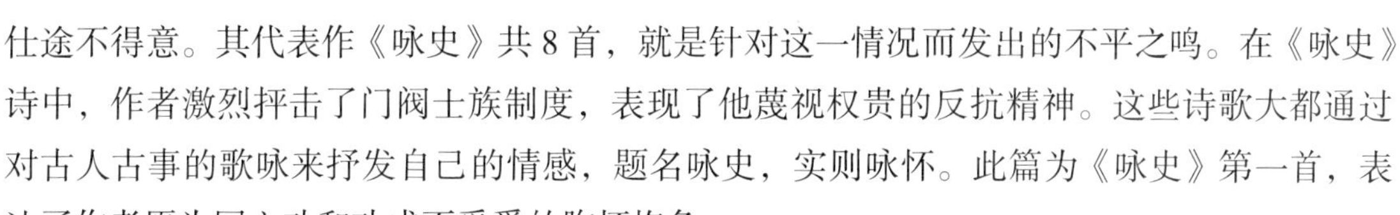
仕途不得意。其代表作《咏史》共 8 首，就是针对这一情况而发出的不平之鸣。在《咏史》诗中，作者激烈抨击了门阀士族制度，表现了他蔑视权贵的反抗精神。这些诗歌大都通过对古人古事的歌咏来抒发自己的情感，题名咏史，实则咏怀。此篇为《咏史》第一首，表达了作者愿为国立功和功成不受爵的胸怀抱负。

排　闷

［宋］陆游

丈夫结发[1]志功名，大事真当以死争。

我昔驻车[2]筹(chóu)笔驿(yì)[3]，孔明[4]千载尚如生。

【注释】

1. 结发：束发，古时男子自成童开始束发，因以指初成年。
2. 驻车：停车。
3. 筹笔驿：古驿名。在今四川广元市北。相传诸葛亮出师，曾驻军筹划于此，故名。曾为川陕间交通要站。明改名朝天驿，后南移今址。
4. 孔明：即诸葛亮。

【作者生平】

略。

【写作背景】

此诗系陆游诸多排闷诗之一，写于官场不顺受排挤之时，诗人因坚持抗金，屡遭主和派排斥，壮志难酬，故有此作。这首诗语言平易晓畅，章法严谨，表达了爱国热情，同时暗示了诗人阴郁悲凉的情绪。

明月篇（节选）

长安思妇[1]上高楼[2]，见月偏惊枕簟(diàn)[3]秋。

寒衣未寄清霜塞，独夜深闺玉箸(zhù)[4]流。

闺中络纬[5]宵唧(jī)唧(jī)[6]，朝下裁缝暮仍织。

征人远戍(shù)在龙城[7]，作得戎(róng)衣[8]长叹息。

与君结发[9]方及笄(jī)[10]，不谓少年成独栖。

回文织就[11]空传恨，团扇妆成却掩啼。

鸿衔尺素[12]君可闻，宝帐兰烟徒自薰。

今年且对长安月，明年愿作巫山云。

【注释】

1. 思妇：怀念远行丈夫的妇人。

2. 高楼：古诗中多以高楼代指闺中。

3. 枕簟：枕席。泛指卧具。

4. 玉箸：玉制的筷子，喻眼泪。

5. 络纬：虫名，即莎鸡，俗称络丝娘、纺织娘。夏秋夜间振羽作声，声如纺线，故名。

6. 唧唧：形容虫叫声。

7. 龙城：古城名，在古诗中常用于指代边城。

8. 戎衣：军服，战衣。

9. 结发：古代结婚时要行男女并坐束发合髻之仪，故指结婚。

10. 及笄：指女子年满 15 岁。笄，古代束发用的簪子。古代女子一般到 15 岁以后，就把头发盘起来，并用簪子绾住，表示该女子已经成年。

11. 回文织就：织好了给远方丈夫的回文锦书。回文，指回文诗，杂体诗名。通常是指可以倒读的诗篇。魏晋南北朝时期，前秦的秦州刺史窦滔因故被流放到边远之地。他的妻子苏蕙善于写文章，她将对丈夫的思念之情用五色丝织成回文旋图诗寄去。锦上绣的字，无论顺读还是倒读，都可以成句成诗，诗意凄切婉转，表达了妻子对远方丈夫的思念之情。此处代指妻子写的书信或情诗。

12. 尺素：古人用绢帛书写，通常长一尺，故称写文章所用的短笺为“尺素”。亦指书信。

【作者生平】

王廷相（1474—1544），明代思想家、文学家。字子衡，号浚川，仪封（今河南兰考东）人。弘治十五年（1502）进士。正德初，忤权臣刘瑾，谪亳州（今属安徽）。瑾败，召为御史。嘉靖二年（1523）以右副都御史巡抚四川，讨平芒部首领沙保，迁南京兵部尚书。著有《雅述》《慎言》等。

【写作背景】

此诗以思妇的情感为主线，通过明月千里寄相思引人共情。这首诗描绘了夫妻情感的和谐及婚姻生活的美好，抒发了因为战乱夫妻不得相守的愁情离绪。语言精妙、行文流畅、情真意切，既描述了夫妻间情感的美好，又对乱世不得团聚深感惋惜。

遣(qiǎn)兴（其一）

［清］袁枚

爱好(hào)[1]由来[2]下笔难[3]，一诗千改始[4]心安。
阿婆还似初笄(jī)女[5]，头未梳成[6]不许看。

【注释】

1. 爱好：追求诗歌的高境界。

2. 由来：自始以来。

3. 下笔难：正因为立志高远，所以创作态度要谨慎严肃，不可掉以轻心，草率从事。

4. 始：才。

5. 阿婆还似初笄女：比喻老年时写诗还像少时一样不肯草率。阿婆，系作者自比，此时作者已 76 岁高龄。

6. 头未梳成：比喻诗未改定。

【作者生平】

袁枚（1716—1798），清代文学家。字子才，号简斋、随园，浙江钱塘（今杭州）人。乾隆四年（1739）进士，授翰林院庶吉士。乾隆七年改放外任，在溧水、江浦、沭阳、江宁等地任知县，有政声。乾隆十三年辞官，定居江宁（今江苏南京市），筑室于小仓山隋氏废园，改名随园，世称随园先生。从此不再出仕。有《小仓山房集》《随园诗话》《子不语》等。

【写作背景】

这首诗作于乾隆五十六年（1791），袁枚以自己的创作为例，倡导诗人创作应该具有反复修改、精益求精的态度。这是一首论诗诗。论诗诗是中国古代一种独特的文学批评形式，上乘的论诗诗，要既能表现关于诗歌创作的精辟见解，又不失其诗歌的艺术特征；或者说要通过生动的艺术形式来表达关于诗歌创作的见解。这首七绝即是一首比较好的论诗诗。本诗是作者一生诗歌美学观点的形象概括。

二、励志砺学　知行合一

请完成以下学习任务。

学习任务一：“加冠及笄向未来”演讲比赛

古时汉族男子满 20 岁时行冠礼，即加冠，表示其已成年，被家族承认，之后可以娶妻。女子则是在满 15 岁后行笄礼，及笄之后可以嫁人。

现代的成人礼是少男少女年满 18 岁时举行的象征迈向成人阶段的仪式。18 岁是成人的重要标志和生活的新起点。成人意味着更多的责任、奉献、奋斗、关爱……每一位青年学子都应努力增强自己的成人意识和担当意识，铭记青春，向成长致礼，向未来致礼。

（一）活动规则

1. 比赛以命题演讲的方式举行，演讲稿内容必须围绕“加冠及笄向未来”的主题，结合个人实际，突出亮点，主题鲜明。

2. 参赛必须使用普通话并脱稿演讲，需要有与演讲稿相配合的电子演示文稿（PPT）。

3. 演讲时间 3 分钟。

4. 每位同学演讲结束后，由老师按照评分标准给出成绩；比赛结束后公布成绩，评出一等奖 1 名，二等奖 2 名，三等奖 3 名。

（二）活动内容

“加冠及笄向未来”演讲比赛评分标准

1. 主题鲜明深刻，能结合个人成长实际，内容充实、生动感人，能体现时代精神。（满分 4 分）

2. 发音规范，吐字清晰，声音洪亮圆润。语言表达准确、流畅、自然。表达技巧处理得当，语速适当，语气、语调、音量、节奏张弛符合思想感情的起伏变化和演讲内容的要求。（满分 4 分）

3. 精神饱满，能较好地运用手势、表情表达对演讲稿的理解。（满分 1 分）

4. 演讲具有较强的吸引力、感染力和号召力，能较好地与听众感情融合在一起，产生良好的效果。（满分 1 分）

学习任务二：中华成人礼表演

近年来，许多青年学子到山东曲阜孔庙参加中华成人礼活动。在大成殿月台上，他们统一身着汉服，向孔子行作揖礼，并接受父母的加冠加笄，以传统的方式见证自己长大成人。此活动对我们继承中华优秀文化遗产，弘扬民族精神具有巨大的现实意义。

青年可以在活动中接受传统文化的熏陶。活动在启发心智、洗涤心灵的同时，培养了他们心怀感恩、铭记历史、胸怀天下、勇于奉献等优秀品格。

（一）活动规则

1. 10~12 人一组，自主学习加冠及笄成人礼表演流程及规范。

2. 小组成员共同制定加冠及笄成人礼表演方案，分配表演角色，进行表演训练分工。

3. 每组进行加冠及笄成人礼模拟表演展示，然后小组互相投票，选出“最佳表演奖”。

4. 每组推选一名代表分享表演后的感受。

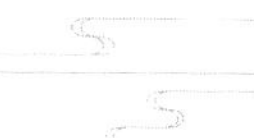

（二）活动内容

1. 参与人员

加冠（及笄）者：扮演者 1 人。

主人：为加冠（及笄）者加冠（及笄）的贵宾、长辈，扮演者 2 人。

正宾：在加冠（及笄）后离座祝贺加冠（及笄）者并进行醮（jiào）礼（以水代酒互敬），扮演者 2 人。

赞礼：仪式主持人，协调仪式进程，讲解仪式内容，扮演者 1 人。

赞者：助手，帮助主人加冠（及笄），扮演者 1~2 人。

摈者：助手，帮助贵宾、长辈盥（guàn）洗，扮演者 1 人。

执事：助手，仪式期间以托盘送物者，扮演者 1 人。

2. 正式步骤（以加冠为例，及笄相同）

（1）全体肃静，赞礼宣告冠礼开始。

（2）请祖。赞礼唱："奏乐。"奏《玄鸟》，赞礼上前手捧孔子像，将画像悬挂至正中，焚香。

（3）主人入座。赞礼介绍主人，主人在赞者引导下到堂下向孔子敬礼，入座。

（4）正宾入座。赞礼宣告正宾入座，赞者下堂迎接正宾入座。

（5）赞礼唱："加冠者入列。"加冠者入场，向主人及正宾敬礼。

（6）致辞。赞礼唱："主人致辞。"主人起身，致辞。

（7）加衣。赞礼唱："加衣。"加冠者起身出于左，主人为其加衣。

（8）加冠。赞礼唱："主人加冠。"主人下堂，加冠者到堂前拜炎黄，主人下堂盥手，执事捧冠（及笄为簪子）、酒上前，赞者尾随，赞者先为加冠者整理衣服，梳好头发。加冠者正坐。

主人手持冠面向加冠者，念颂辞道："令月吉日，始加元服。弃尔幼志，顺尔成德。寿考惟祺，介尔景福。"为加冠者加冠，加冠者起拜。（若及笄时，主人执簪子面向及笄者，念颂辞道："吉月令辰，乃申尔服。敬尔威仪，淑慎尔德。眉寿万年，永受胡福。"为及笄者及笄，及笄者起拜。）

（9）醮加冠者。执事撤去梳子等物。赞者斟酒爵。赞礼唱："醮加冠者。"正宾起席，一揖加冠者，加冠者在加冠者席后端正坐，面向香案。赞者递上酒爵，正宾接过到席前面向加冠者说祝词："旨酒既清，嘉荐令芳。拜受祭之，以定尔祥。承天之休，寿考不忘。"将酒二分之一酹（lèi）于地以后同时饮酒，饮后行再拜之礼。

（10）三拜。赞礼唱："加冠者三拜。"加冠者正冠、端坐。音乐停止，全场肃静。赞礼唱："加冠者拜父母，感念父母养育之恩。"加冠者面向父母，庄重地行拜礼。赞礼唱："加冠者拜师长，勉力争取学、发奋进取。"加冠者面向正宾，庄重地行拜礼。赞礼唱："加冠者拜轩辕黄帝，传承文明，报效祖国。"加冠者面向孔子像，庄重地行拜礼。三拜完毕后加冠者诵读成人誓词。

（11）聆训。赞礼唱："聆训。请主人向加冠者示训辞。"主人起席，到加冠者席前，加冠者端坐，面向主人。主人示训，训辞自定。一般内容为祝贺成人、提醒以后应担负家庭和社会责任等。加冠者对曰："儿虽不敏，敢不祗（zhī）承。"然后向主人庄重地行拜礼。

（12）拜有司众宾。赞礼唱："加冠者拜有司及众宾。"执事等排成一列，加冠者向其行拜礼。然后分别向场地两边众宾行拜礼。众皆答礼。

（13）礼成。赞礼唱："××（加冠者姓＋加冠者字）冠礼成"。加冠者携主人向全部参礼者分别行揖礼，次序为：右侧众宾、左侧众宾、执事等有司、正宾、赞礼、乐者。众皆答礼。

至此，冠礼结束。

三、妙笔生辉　墨润心田

请完成以下字帖描红。

咏史·弱冠弄柔翰

［西晋］左思

弱冠弄柔翰，
卓荦观群书。
著论准《过秦》，
作赋拟《子虚》。
边城苦鸣镝，
羽檄飞京都。
虽非甲胄士，
畴昔览穰苴。
长啸激清风，
志若无东吴。

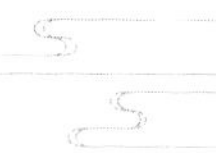

铅刀贵一割，
梦想骋良图。
左眄澄江湘，
右盼定羌胡。
功成不受爵，
长揖归田庐。

排闷
［宋］陆游

丈夫结发志功名，
大事真当以死争。
我昔驻车筹笔驿，
孔明千载尚如生。

明月篇（节选）

长安思妇上高楼，
见月偏惊枕簟秋。
寒衣未寄清霜塞，
独夜深闺玉箸流。

闺中络纬宵唧唧，
朝下裁缝暮仍织。
征人远戍在龙城，
作得戎衣长叹息。
与君结发方及笄，
不谓少年成独栖。
回文织就空传恨，
团扇妆成却掩啼。
鸿衔尺素君可闻，
宝帐兰烟徒自薰。
今年且对长安月，
明年愿作巫山云。

遣兴（其一）

［清］袁枚

爱好由来下笔难，
一诗千改始心安。
阿婆还似初笄女，
头未梳成不许看。

第十五课　婚嫁合卺(jǐn)

一、文润心田　书香同行

扫二维码，听朗诵录音；结合注释、作者生平和写作背景，体会诗文中蕴含的思想感情。

桃　夭

《诗经·国风·周南》

桃之夭夭[1]，灼灼[2]其华[3]。

之子于归[4]，宜[5]其室家[6]。

桃之夭夭，有蕡(fén)[7]其实。

之子于归，宜其家室。

桃之夭夭，其叶蓁蓁(zhēn)[8]。

之子于归，宜其家人。

【注释】

1. 夭夭：美丽而茂盛的样子。
2. 灼灼：鲜明光亮的样子。
3. 华：同“花”。
4. 之子于归：这位姑娘出嫁。之，这。子，指女子，古代女子也称“子”。于，往。归，出嫁。后来称女子出嫁为于归。
5. 宜：和顺。
6. 室家：家庭。此指夫家，下面的“家室”“家人”均指夫家。
7. 蕡：果实硕大的样子。
8. 蓁蓁：树叶茂盛的样子。

【作者生平】

现代研究者认为《周南》中的大部分作品都是民歌，由劳动人民集体口头创作。作者

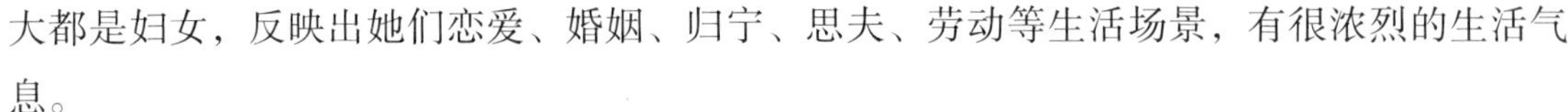

大都是妇女，反映出她们恋爱、婚姻、归宁、思夫、劳动等生活场景，有很浓烈的生活气息。

【写作背景】

《国风》大体产生于西周初期至春秋中期。《周南》为《诗经》“十五国风”之一。共 11 篇。与《召南》并称“二南”。

《桃夭》,《周南》第六篇，是一首祝贺年轻姑娘出嫁的诗。全诗 3 章，每章 4 句，以桃树的枝、花、果、叶作为比兴事物，衬托出新嫁娘的年轻美丽以及成婚的快乐气氛。“桃之夭夭，灼灼其华”，这个比喻对后世影响很大。古代诗词小说中形容女子面貌姣好常用“面若桃花”“艳如桃李”“人面桃花相映红”等词句，可能就是受了《桃夭》一诗的启发。

寿阳王花烛

［唐］沈佺期

仙媛（yuàn）[1]乘龙夕[2]，天孙[3]捧雁来。

可怜[4]桃李树，更绕凤凰台[5]。

烛送香车[6]入，花临宝扇开。

莫令银箭[7]晓，为尽合欢杯[8]。

【注释】

1. 仙媛：仙女。这里指寿阳王的新妇。
2. 夕：古代的一种礼制。指傍晚时见君王。这里指傍晚时寿阳王新妇来与寿阳王成婚。
3. 天孙：这里是美称寿阳王。
4. 可怜：可爱。
5. 凤凰台：传说秦穆公的幼女弄玉和箫史吹箫引凤至一楼台，故名凤凰台。这里借指宫苑中的楼台。
6. 香车：用多种香木制作或用多种香料涂饰的车。亦泛指华美的车，多指妇女所乘车。
7. 银箭：标记时刻以计时的银饰漏箭。这里借指时间。
8. 合欢杯：指合卺酒。卺是瓢，把一个匏瓜剖成两个瓢，新郎新娘各拿一个用来饮酒。

【作者生平】

沈佺期（约 656—716），唐代诗人。字云卿，相州内黄（今河南内黄西）人。高宗上元二年（675）进士及第。由协律郎累迁考功员外郎，后擢为考功郎中，再迁给事中。四年春，因任上受贿被弹劾入狱，实为被诬蒙冤。中宗即位，因谄附张易之被流放。景龙元年（707）遇赦北归，授台州录事参军，迁起居郎。次年兼修文馆学士，常侍宫中。后历任中

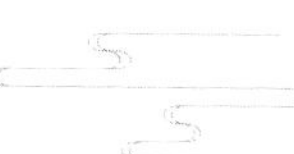

书舍人、太子少詹事，封吴兴县开国男。

【写作背景】

寿阳王，据《新唐书》记载，皇太子李成器，初封为永平郡王，后降为寿春郡王。寿春（今安徽寿县）原为寿阳，晋孝武帝时避讳所改。这首诗描绘的是唐朝王孙结婚时的礼仪，是一幅典型的社会风俗图。

幼学琼林（节选）

良缘由夙缔（sù dì）[1]，佳偶[2]自天成。

蹇（jiǎn）修[3]与柯人[4]，皆是媒妁（shuò）[5]之号；

冰人[6]与掌判[7]，悉是传言之人[8]。

礼须六礼[9]之周，好合[10]二姓[11]之好。

女嫁曰于归[12]，男婚曰完娶[13]。

婚姻论财，夷虏（lǔ）之道[14]；

同姓不婚，周礼则然。[15]

女家受聘礼，谓之许缨[16]；

新妇谒（yè）祖先，谓之庙见[17]。

文定[18]纳采[19]，皆为行聘[20]之名；

女嫁男婚，谓了子平[21]之愿。

成婚之日曰星期[22]，传命之人曰月老[23]。

下采[24]即是纳币，合卺（jǐn）系是交杯[25]。

【注释】

1. 夙缔：早已缔结。夙，早。缔，结。

2. 佳偶：美好的配偶。偶，配偶。

3. 蹇修：相传古时善为人做媒的人。

4. 柯人：媒人。《诗经·豳风·伐柯》："伐柯如何，匪斧不克。取妻如何，匪媒不得。"后称为人做媒叫伐柯。

5. 媒妁：婚姻介绍人。

6. 冰人：媒人。《晋书·索紞传》："孝廉令狐策梦立冰上，与冰下人语。紞曰：'冰上为阳，冰下为阴，阴阳事也。士如归妻，迨冰未泮，婚姻事也。君在冰上与冰下人语，为阳语阴，媒介事也。君当为人作媒，冰泮而婚成。’”

7. 掌判：媒人。《周礼·地官·媒氏》中有“掌万民之判”的说法。郑玄注：“判，半也。得藕为合，主合其半，成夫妇也。”后渐称媒人为掌判。

8. 传言之人：传话的人，这里指传达男女两家的话的人，就是我们说的媒人。

9. 六礼：旧时婚姻有六礼，即纳采、问名、纳吉、纳征、请期、迎亲。

10. 好合：美满地结合。

11. 二姓：指缔结姻缘的男女两家。

12. 于归：古时候称女子出嫁。《诗经·周南·桃夭》：“之子于归，宜其家人。”

13. 完娶：古代指男子完婚。

14. 夷虏之道：夷虏，旧时对异族的贬称。隋代王通《中说》：“婚娶而论财，夷虏之道也，君子不入其乡。”

15. 同姓不婚，周礼则然：同姓不结婚，这是周礼的法则。《周礼》：“同姓不婚，教亲也。”

16. 许缨：许婚。《礼记·曲礼上》：“女子许嫁，缨。”缨，彩带。古代女子许嫁时所系。

17. 庙见：到宗庙参拜祖先。

18. 文定：择吉日纳币订婚。

19. 纳采：婚姻六礼之一，男方送求婚的礼物，即行聘。

20. 行聘：下聘礼的意思。

21. 子平：东汉向长，字子平，隐居不仕，在家人男女娶嫁完毕之后，与友人北海禽庆，游五岳名山，不知所终。

22. 星期：古时称成婚日为星期。《诗经·唐风·绸缪》：“绸缪束薪，三星在天，今夕何夕，见此良人。”

23. 月老：月下老人。民间传说中称主管男女婚姻的神为月下老人，简称月老。

24. 下采：纳彩礼。男方向女方下聘礼。

25. 交杯：旧时婚礼，夫妻饮交杯酒。

【作者生平】

略。

【写作背景】

略。

二、励志研学　知行合一

请完成以下学习任务。

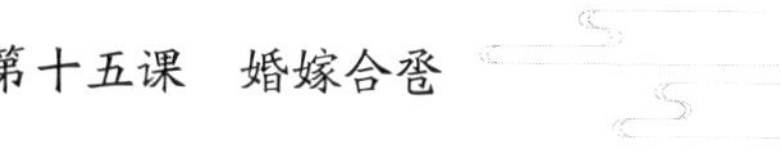

学习任务一：婚俗礼仪趣味知识竞答

婚姻风俗在人类文明的发展历程中起着重要的推动作用。在不同的历史阶段，婚姻的表现形式也各不相同。“千里姻缘一线牵”，古人认为男女二人结为夫妻，要靠缘分，所谓“有缘千里来相会，无缘对面不相逢”。

迎嫁送娶的结婚礼俗源远流长，就是订婚习俗，也有较长的历史。

了解古代婚俗礼仪，可以增长见识，丰富生活，吸收和弘扬优秀传统文化精华。

（一）活动规则

1. 认真梳理本课内容。

2. 4~6 人为一组，以小组为参赛单元，进行婚俗礼仪知识竞答比赛。

3. 竞答时分必答题、抢答题和风险题 3 类题型。

必答题：每组 3 题，每题 5 分。各组按顺序进行回答。各组必须在主持人念完题目 10 秒钟之内完成作答，否则无效。

抢答题：共 5 题，每题 5 分。小组必须在主持人念完题目，说“开始抢答”之后抢答。抢到题的小组必须在 10 秒内完成作答，否则无效。

风险题：每组只能随机抽 1 道回答，答对加 5 分，答错扣 5 分。各组可以选择不回答风险题。

各小组比赛时，老师根据各组表现填写个人素质评价表；结束后统计分数，根据各组答题成绩评出一、二、三等奖。根据各组成员个人素质评价表中的得分评出优秀个人若干。

（二）活动内容

1. 老师提前准备好竞赛题目。

2. 学生先认真积累关于婚俗文化的知识，再以小组为单位参与婚俗礼仪趣味知识竞答。

3. 个人素质评价表如下。

个人素质评价表

组号：____________

评价内容	分值	组员 1	组员 2	组员 3	组员 4	组员 5	组员 6
积极性	3 分						
精神状态	2 分						
知识运用	3 分						
表达条理性	2 分						
综合得分							

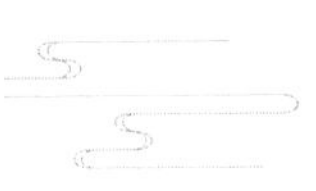

学习任务二：谈谈“鲁味”婚嫁礼仪

婚俗是一个地区在长期的发展过程中形成的习俗，展现了这个地区的精神面貌。俗话说：“十里不同俗”，全国各地的结婚习俗不尽相同，每个地区都有自己的特色。

山东自古就有“齐鲁礼仪之邦”的美誉，作为儒家学说的发源地，这里具有悠久独特的结婚习俗。“娶媳子”和“出门子”分别成为结婚的男方和女方对于结婚的俗称。也许是由于传统观念的影响，有些地区仍旧先由媒人出面撮合一对未婚男女，如果男女双方相处一段时间后觉得适合结婚，家人也表示认可，就可以举行定亲仪式了。

你还了解哪些山东地区的婚嫁礼仪呢？一起来交流吧！

（一）活动规则

1. 4~6 人为一组，以小组为单位，组内交流自己了解的山东婚嫁礼仪。
2. 每组推选一位代表在班上分享本组的交流成果。
3. 小组汇报完毕，其他小组对该组的分享进行评价。

（二）活动内容

“谈谈‘鲁味’婚嫁礼仪”评分表

序号	小组	展示题目	内容	形式	表达	特点	总分
1							
2							
3							
4							
5							
6							

（注：满分 20 分，内容、形式、表达、特点每项 5 分，各组成员酌情打分，评选出班内前三名。）

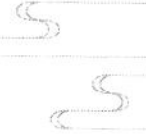

三、妙笔生辉　墨润心田

请完成以下字帖描红。

桃夭

《诗经·国风·周南》

桃之夭夭，灼灼其华。

之子于归，宜其室家。

桃之夭夭，有蕡其实。

之子于归，宜其家室。

桃之夭夭，其叶蓁蓁。

之子于归，宜其家人。

寿阳王花烛

［唐］沈佺期

仙媛乘龙夕，天孙捧雁来。

可怜桃李树，更绕凤凰台。

烛送香车入，花临宝扇开。

莫令银箭晓，为尽合欢杯。

幼学琼林（节选）

良缘由夙缔，佳偶自天成。

蹇修与柯人，皆是媒妁之号；

冰人与掌判，悉是传言之人。

礼须六礼之周，好合二姓之好。

女嫁曰于归，男婚曰完娶。

婚姻论财，夷虏之道；

同姓不婚，周礼则然。

女家受聘礼，谓之许缨；

新妇谒祖先，谓之庙见。

文定纳采，皆为行聘之名；

女嫁男婚，谓了子平之愿。

成婚之日曰星期，传命之人曰月老。

下采即是纳币，合卺系是交杯。

第十六课　传统节日：春节

一、文润心田　书香同行

扫二维码，听朗诵录音；结合注释、作者生平和写作背景，体会诗文中蕴含的思想感情。

岁除夜[1]会乐城[2]张少府[3]宅

［唐］孟浩然

畴昔通家[4]好，相知无间[5]然。
续明催画烛[6]，守岁[7]接长筵（yán）[8]。
旧曲梅花[9]唱，新正[10]柏酒[11]传。
客行随处乐，不见[12]度年年。

【注释】

1. 岁除夜：除夕。
2. 乐城：今浙江乐清。
3. 张少府：指张子容，时任乐城县尉。少府，县尉。
4. 通家：如同一家，指两家交谊深厚。
5. 无间：关系密切，没有隔阂。
6. 画烛：有画饰的蜡烛。
7. 守岁：旧俗阴历除夕终夜不睡，以迎接新年的到来。
8. 长筵：排成长列的筵席。
9. 梅花：汉乐府横吹曲《梅花落》的省称。
10. 新正：农历正月初一。
11. 柏酒：柏叶浸制的酒。古时春节饮之，认为可以避邪。
12. 不见：不觉得。

【作者生平】

孟浩然（689—740），唐代诗人。襄州襄阳（今属湖北）人。早年隐居鹿门山，以诗自适。开元十五年（727）冬赴京师长安，第二年应试落第，滞留在长安、洛阳。二十二年，再上长安，求仕未果返乡。二十五年，尚书右丞相张九龄被贬为荆州大都督府长史，即征辟孟浩然入幕府，署为从事。二十七年夏，孟浩然患背疽，归襄阳卧病在家。二十八年，不治而卒。孟浩然仕途失意，曾长期游历东南各地，写下许多山水田园诗。诗与王维齐名，并称“王孟”。其诗率真，清淡幽远，多反映游历及隐逸生活。有《孟浩然集》。

【写作背景】

开元十九年（731）岁末，孟浩然漫游吴越，在乐城与张子容相会，张时任乐城县尉。除夕之夜，在张子容家中，灯火辉煌，筵备珍馐。两位朋友一边品尝着新酿的柏叶酒，一边畅谈，内心的快乐是难以言喻的。席间还有《梅花落》古曲的演唱，更增添了兴致。

元　日[1]

［宋］王安石

爆竹声中一岁除[2]，春风送暖入屠苏[3]。

千门万户曈曈（tóng）[4]日，总[5]把新桃换旧符[6]。

【注释】

1. 元日：指农历正月初一。

2. 一岁除：一年过去。

3. 屠苏：屠苏草泡的酒。古代风俗，正月初一合家饮屠苏酒，据说可以祛除瘟疫。

4. 曈曈：太阳刚出来时光辉灿烂的样子。

5. 总：都。

6. 新桃换旧符：用新桃符换下旧桃符。桃符用桃木制成，上面绘有神像，据说挂在门上可以求福避祸，是春联的前身。

【作者生平】

王安石（1021—1086），北宋政治家、思想家、文学家。字介甫，号半山，抚州临川（今江西抚州）人。庆历二年（1042）进士及第。后长期担任地方官，有治绩。嘉祐三年（1058）上万言书，主张变法，未被采纳。神宗熙宁元年（1068），奉诏入京，任翰林学士兼侍讲，陈述北宋开国至今各项制度弊端，阐明必须改革，深得宋神宗赏识。熙宁二年（1069），为参知政事，次年拜相，议行新法，史称“王安石变法”。由于保守派强烈反对，新政推行迭遭阻碍。七年，罢相；次年，再相；九年，再罢，退居江宁（今江苏南京），封荆国公，世称“荆公”。散文雄健峭拔，为“唐宋八大家”之一。有《王文公文集》《临川先生文集》等。

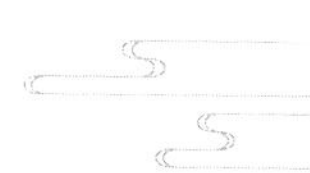

【写作背景】

相传此诗作于熙宁三年，即王安石初拜相而始行新法时。新年，王安石联想到变法伊始的新气象，有感而创作了此诗。诗人选取了爆竹、桃符这两样事物，再加上春风、朝日、屠苏酒，这一切景象构成了元日特有的气氛，以及人们对元日的典型心理感受。从中，诗人要力图揭示出元日这天更内在的本质：它是万象更新的标志，是除旧布新的标志。

守　岁

［宋］苏轼

欲知垂尽[1]岁，有似赴壑(hè)[2]蛇。
修鳞[3]半已没，去意谁能遮？
况欲系其尾，虽勤知奈何！
儿童强[4]不睡，相守夜欢哗。
晨鸡且勿唱，更鼓畏添挝[5]。
坐久灯烬[6]落，起看北斗斜[7]。
明年岂无年，心事恐蹉跎(cuō tuó)[8]。
努力尽今夕，少年犹可夸。

【注释】

1. 垂尽：快要结束。垂，将近，将及。
2. 壑：山谷。
3. 修鳞：长蛇的身躯。修，长。
4. 强：勉强。
5. 挝：敲。
6. 灯烬：灯芯燃烧后剩下的炭灰。
7. 北斗斜：谓时已夜半。
8. 蹉跎：时间白白过去，光阴虚度。

【作者生平】

略。

【写作背景】

此诗作于仁宗嘉祐七年，当时诗人在凤翔签判任上，遇到年终，想回家与父亲、弟弟团聚而不可得，就写了这首诗寄给弟弟苏辙，以抒发思念之情。

除夜雪

［宋］陆游

北风吹雪四更初，嘉瑞[1]天教[2]及岁除。

半盏屠苏犹未举，灯前小草[3]写桃符。

【注释】

1. 嘉瑞：祥瑞，此处指雪。
2. 天教：天赐。
3. 小草：谓草书之字形小巧者，相对于大草而言。

【作者生平】

略。

【写作背景】

这首诗的描写对象是除夕夜的雪，语言清丽，风格平易。凛冽的北风在四更时分吹来了瑞雪，这也宣告着旧的一年已经过去，新的生活已经到来。正月初一的半盏屠苏酒还没有来得及喝，诗人便在灯前把新年的春联写好了。全诗体现了诗人在欢度除夕后遇雪的愉快心情，也从侧面反映出诗人积极乐观的生活态度。

二、励志砺学　知行合一

请完成以下学习任务。

学习任务一：绘制春节习俗手抄报

节日文化具有长久强大的生命力。春节是中国最大的传统节日，也是一个欢乐祥和、合家团聚的节日。每年春节临近，在外工作的人们便陆续回到父母身边，过一个团圆年。

在古代，春节被称为“元旦”，即新年的第一天。汉武帝太初元年（前 104），邓平等人创制了比较完整的历法——《太初历》。《太初历》确定正月为岁首，正月初一为新年。自此，农历年的习俗保留至今。

新时代的青年应深入了解包括春节在内的传统节日的习俗，感受优秀传统文化的内涵，进而将其中所蕴含的社会价值观念、道德伦理观念潜移默化地沉淀于心中。

（一）活动规则

1. 4~6 人为一组，根据教材中的相关诗词和春节习俗介绍，完成一份手抄报。要求图文

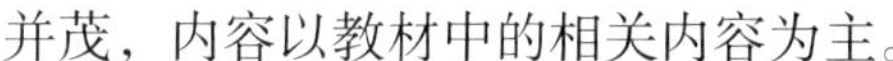

并茂，内容以教材中的相关内容为主。

2. 小组内部交流分享各自整理的资料，讨论本组手抄报的内容、版式、创意。

3. 各组成员合作完成春节习俗手抄报的制作。

4. 班级设置手抄报展区，进行展示。

（二）活动内容

每个同学至少完成一个关于春节习俗的知识点或诗词的介绍（参考下面的举例），然后合作完成手抄报的制作。

举例：扫尘。祭灶之后，人们要打扫房子，清洗各种用具，谓之“扫尘”。扫尘起源于尧舜时代的扫年习俗，相传是古代先民驱除病疫的仪式；到了唐代，扫年之风盛行，目的是祈求新岁平安。通过扫尘活动，我感受到了春节悠久的节庆文化，丰富了知识储备。

学习任务二：齐鲁春节习俗面面观

在山东，不出正月不叫过完年，曲阜、邹城等地甚至称正月十五的元宵节为“过小年”。

除夕，家家户户贴春联、挂年画，并着意倒贴一个“福”字，寓意“福到”。山东年画的代表当数潍坊的杨家埠木版年画。

青年了解当地的春节习俗和文化，可以增长见识，丰富生活，提升文化素养。

（一）活动规则

1. 个人独立思考，可以讲述或展示你所了解的本地春节开展的活动，并谈谈参加活动时的感受；可以讲述与本地春节活动相关的故事传说；也可以展示与本地春节习俗相关的手工艺作品。

2. 4~6 人为一组，先在组内交流展示，然后完成表格。

3. 每组选举一名代表在班上分享活动成果。

4. 根据小组分享成果的数量和质量进行评分，选出前三名，给予奖励。

（二）活动内容

春节习俗汇总表

序号	相关活动	参与活动的感受（用关键词、句子概括）
1	逛庙会	感受日子的红火，满足精神和物质需要
2		
3		
4		
5		
6		

三、妙笔生辉　墨润心田

请完成以下字帖描红。

岁除夜会乐城张少府宅

［唐］孟浩然

畴昔通家好，相知无间然。
续明催画烛，守岁接长筵。
旧曲梅花唱，新正柏酒传。
客行随处乐，不见度年年。

元日

［宋］王安石

爆竹声中一岁除，
春风送暖入屠苏。
千门万户曈曈日，
总把新桃换旧符。

守岁

［宋］苏轼

欲知垂尽岁，有似赴壑蛇。
修鳞半已没，去意谁能遮？
况欲系其尾，虽勤知奈何！
儿童强不睡，相守夜欢哗。
晨鸡且勿唱，更鼓畏添挝。
坐久灯烬落，起看北斗斜。
明年岂无年，心事恐蹉跎。
努力尽今夕，少年犹可夸。

除夜雪

［宋］陆游

北风吹雪四更初，
嘉瑞天教及岁除。
半盏屠苏犹未举，
灯前小草写桃符。